MANCHAS

DIEGO A. PULIDO

DEDICATORIA

La pandemia de Covid-19, afecto a muchas familias en el mundo. Familias que perdieron a uno o varios integrantes, por cuenta de la enfermedad, sin respetar edad, religión, ni sexo.

A todas esas familias, que al igual que la mía, sufrió de alguna partida de un ser querido, mi solidaridad para ellos.

Este libro está dedicado, especialmente, a mi Madre que ya no está conmigo y que fue una de esas víctimas del Covid. Ella luchó hasta su último respiro por seguir, pero perdió la batalla. Que Dios te tenga en el Paraíso.

Igualmente, a los médicos, enfermeras y personal de atención en salud, con los cuales trabaje durante estos años y que enfrentaron con valentía, esta pandemia. Mis agradecimientos y respeto profundo. Mil gracias por todo esos esfuerzos y sacrificios. Bendiciones.

CONTENIDO

AGRADECIMIENTOS

Agradezco a mi Familia, a mis padres, a mis hermanos, pero en especial, a mi esposa Nohora, a quien amo con todo mi corazón y mente, ella es mi apoyo, fortaleza, valentía, razón y paz.

A mi hijo Danilo, que me da la fortaleza de enfrentar cada día con valentía y que significa, mi mayor riqueza, la consagración del amor y mi bendición más grande.

A mis Perritos, que me demuestran, cuál es la pureza del amor, la incondicionalidad, la alegría, la felicidad y la paz. Ellos son mi polo a tierra, sin importar la situación. La lealtad es su mayor enseñanza.

1 EL RECUERDO DEL INICIO

Esta es la historia, de los últimos ocho años de mi vida, junto a un ser muy especial, uno que cambio mi forma de sentir y apreciar un sentimiento, que en oportunidades puede ser esquivo, pero que yo he experimentado, en múltiples oportunidades. Inicio con mis recuerdos...

Todo comenzó en el año 2015, vamos a irnos al mes de febrero, yo vivía en Zipaquirá, junto a mi esposa Nohora y mi hijo Danilo. Hacía dos años, después de ahorrar, compramos un apartamento, el cual, recientemente nos habia sido entregado.

Allí empezábamos una nueva vida, con Nohora teníamos una pequeña empresa hacía 6 años, éramos muy prósperos, podíamos darnos ciertos lujos, sin llegar a los excesos, ni lujos, digamos, que teníamos lo necesario para vivir cómodamente.

El apartamento que habíamos comprado, lo acondicionamos con los acabados que queríamos, una cocina muy bella, baldosa en todo el apartamento, baños como los soñamos, en fin, estábamos cumpliendo parte de nuestro sueño y todo funcionaba muy bien.

Mi hijo empezaba un nuevo año escolar, todos los días viajábamos hasta Bogotá, que nos quedaba a unos 45 minutos de donde vivíamos. Ese tiempo era condicionado según la congestión vehicular. Si había mucho tráfico o se nos hacía 10 minutos más tarde en salir de Zipaquirá, se incrementaba casi hora y media para llegar hasta el colegio, así es el tráfico en Bogotá.

De lunes a viernes esa era mi rutina, llegaba al colegio a las 6:30 de la mañana y nuevamente debía recoger a Danilo a las 3 de la tarde. Normalmente, seguiacon mi trabajo, visitaba clientes, recogía pagos, entregaba pedidos, pues nuestra empresa no era grande, en realidad, era pequeñita. Yo hacía casi todas las actividades que ella demandaba, era muy sencillo y lo mejor, nos daba para vivir bien y tranquilos.

Cuando no tenía que trabajar, yo me dirigía a donde mi mamá, allí hablábamos de cualquier cosa, nos tomábamos como mínimo 10 cafés y cuando se acercaba la hora de salida de mi hijo del colegio, ella me daba almuerzo y salía a recoger a Danilo, así cada día de lunes a viernes.

Paso Febrero, marzo, y comenzaba el mes de abril, en ese mes, era el cumpleaños de Danilo, cumplía 11 años. Nohora y yo nos preguntabamos, ¿qué regalo sería bueno para él?.

Hacía como un año, compre una consola de videojuegos, que inicialmente era para mí, pero con el pasar de los días, paso a ser propiedad de Danilo. Esta lo había absorbido, Danilo podía pasar el sábado y el domingo casi sin dormir. Jugaba todo el fin de semana en esa consola, lo cual, nos hacía pensar en regalarle algo, para que saliera de la habitación y que realizara actividades al aire libre.

En el colegio jugaba Baloncesto, que nos ayudaba un poco, pero llegaba el fin de semana y lo perdíamos, solo salía a comer y al baño.

Danilo, desde muy pequeño, le tenía muchísimo miedo a los perros, esto debido, a una situación que se presentó cuando era un bebé y estaba aprendiendo a caminar. El hecho fue el siguiente: un perro grande, se lanzó sobre él, lo tumbo y lo lamió en la cara. Aunque el perro no le hizo daño, si le causo un gran susto y al parecer, esto le había generado ese terrible miedo.

Danilo, podía ver un perro a dos calles de donde se encontraba y se paralizaba, se ponía muy nervioso y si íbamos caminando, debíamos buscar otra ruta para seguir nuestro camino.

Por esos días, Nohora salió con Danilo a comprar unas cosas a la tienda de víveres, cuando de una casa, salió un perro corriendo hacia ellos. Mi esposa, no se había percatado que el perro se acercaba rápidamente, cuando de repente, Danilo sintió al perro cerca, se soltó de la mano de Nohora y empezó a correr por la calle, sin percatarse si venían carros o motos, él solo sentía la necesidad de correr, de alejarse de ese peligro, que para él, era ese perro.

Obviamente, Nohora corría detrás de Danilo, llamándolo para que se detuviera, pero no lo conseguía, Danilo se detuvo únicamente, cuando el perro dejo de perseguirlo y regreso a su casa.

Ese día, creo que Dios protegió a nuestro hijo, pues esa calle, era normalmente muy transitada, pero en ese instante, en ese pequeño instante, era como si estuvieran solos, no paso un solo automóvil.

No sé cuanto tiempo duro ese momento, pero para Danilo, fue eterno por el susto y para Nohora fue eterno, por sentir que en ese momento, apareciera un automóvil y ocurriera un accidente.

Esa noche, cuando regrese a la casa, Nohora me contó lo sucedido, fue cuando me di cuenta, que el regalo de cumpleaños para Danilo debía ser un perro, con la idea, de que él pudiera superar ese miedo. Además, también lo iba a ayudar a no permanecer tanto tiempo, encerrado en su habitación jugando Videojuegos.

Al otro día, le comenté a Nohora la idea que tenía, sabía que ella se negaría en un principio y que iba a ser un poco difícil convencerla.

Nosotros éramos reacios a tener perros. Teníamos malas experiencias con vecinos que tenían mascotas y siempre, eran los malos olores. Pensábamos, que el apartamento, también cogería mal olor.

Cuando le conté mi idea, como era de esperarse, ella se negó; sin embargo, yo le insistí, le mostraba fotos de cachorros en el celular y la PC, con el objetivo que esas fotos, le causaran ternura y accediera. La tarea era insistir mucho, hasta que aceptara por puro cansancio.

Inicialmente, yo quería tener un perrito de raza Yorki, porque era pequeño y seguramente, Danilo así lo aceptaría más fácil. Además, se me había despertado un instinto, como de peluquero, me soñaba con tener un perrito y peinarlo todo el día.

Seguramente, necesitaba una terapia de relajación o algo por el estilo, aún no lo sé, pero si estaba seguro, de que quería tener un perrito.

Después de insistir sin desfallecer y con gran intensidad, por fin logré que Nohora aceptara, esta fue la misma estrategia utilizada para convencerla de que fuéramos novios, pero en esta ocasión, había condiciones.

Ella me hizo la siguiente advertencia: Ella aceptaba, pero yo debía hacerme cargo del perro y enseñar a Danilo sobre la responsabilidad tendría, que ella no iba a limpiar nada, eso lo debía hacer Danilo, pero que si él no lo hacía, esa responsabilidad se me trasladaba.

Yo acepté sin dudarlo, ahora debía buscar el perrito para antes del cumpleaños de Danilo y tenía muy pocos días. Así que necesitaba de total dedicación y paciencia.

2 EL ENCUENTRO Y EL DESTINO

Comenzaba la tarea. Yo creía, que comprar un perrito era fácil, que prácticamente, era llamar y decir quiero uno, ya voy por él y traerlo a casa. Que era igual que pedir una pizza a domicilio. Pero la realidad era muy diferente.

Como yo quería un perrito de raza Yorki, se hacía la tarea más difícil. Resulta que esa raza de perro, estaba muy solicitada por la época, cada vez que llamaba, me decían algo como: "si señor para dentro de 4 meses, en dos meses nacen y dos meses para el destete". Yo no contaba con tanto tiempo, el cumpleaños de Danilo, era en menos de un mes.

Nohora, había comenzado a trabajar en un centro de estética, pues hacía unos meses, había realizado un curso de Peluquería y estética y era hora, de aplicar lo aprendido, este era su primer trabajo en esta área.

El lugar en donde comenzó a trabajar, quedaba dentro de un centro comercial, muy cerca al colegio donde estudiaba Danilo.

Uno de esos días, Nohora estaba llegando a trabajar y vio un anuncio colocado en la ventana de una Veterinaria, el anuncio decía, "venta de cachorros", junto con una foto de tres cachorros de raza Shih Tzu.

Nohora, me mando la foto del anuncio y me dijo: "mira, están vendiendo estos perritos", vi la foto en mi celular y le dije, que por favor tomara los datos y que llamáramos.

No era la raza que estaba buscando inicialmente, pero el tiempo nos apremiaba, faltaban 10 días para el cumpleaños de Danilo.

Al siguiente día, Nohora hablo por teléfono con la persona que había colocado el anuncio. Era un señor muy amable, le dijo que fuéramos a verlos sin ningún compromiso, nos dio la dirección y resulta que era muy cerca de donde Nohora estaba trabajando. Así que nos pusimos de acuerdo, para ir ese mismo día.

Yo recogí a Nohora a la salida del trabajo y nos dirigimos al lugar. Recuerdo que al llegar, lo primero que sentimos, fue ese bendito olor a perro, la casa olía terrible, un olor muy fuerte a orín.

Yo pensé, acá no fue. Pensé que Nohora se arrepentiría a causa de ese olor, que eso la haría cambiar de opinión. Sin embargo, seguimos adentro de la casa, el señor nos indicó que pasáramos al patio.

Todavía recuerdo ese momento claramente, cuando ingresamos al patio de la casa. Allí vimos a una perrita, en un mar de hojas de papel periódico, le habían cortado el pelo, no parecía de raza Shih Tzu, solo por sus orejas, su nariz chata y su colita, indicaban que era la raza.

Todo el patio estaba lleno de papel de periódicos orinados, había excremento de perro sin recoger, era lamentable el aseo en el que la tenían.

En ese momento me di cuenta, que la persona que tenía estos perritos, no los tenía por amor, sino por negocio. Yo pedí que por favor me dejara ver los perritos, pues solo veía a la mamá, a lo cual me respondió, que solo quedaba uno. Yo le dije que estaba bien, que por favor lo trajera.

Ese momento quedo en mi mente, claro, cristalino, imborrable, mágico, no hay palabras para describirlo, allí estaba él, era hermoso, era la criatura más bella y tierna que había visto.

Me lo pasaron, lo tuve en mis manos y no dude ni un momento en llevarlo, fue como si viera nacer a otro hijo, fue una sensación indescriptible y mágica.

No sé por qué, fue el último perrito en venderse. Me pregunté: ¿por qué las otras personas que fueron antes, no lo escogieron a él?, Seguramente fue una bendición de Dios, él estaba destinado a llegar a nuestras vidas. Estoy seguro de que si volviera a tener ese momento para escoger, él seguiría siendo mi elección. Fue realmente una Bendición.

Recuerdo también el momento, cuando tuve en mis manos al perrito, que la mamá se me acerco, se paró en sus dos patitas contra mis piernas, ella sin palabras, también me pedía que la llevara. Fue muy triste dejarla allí.

Le pagué al señor y salimos de esa casa con un perrito, con la convicción de darle la mejor vida posible, llenarlo de compañía y amor y sin esperarlo, éramos nuevamente padres primerizos.

Mire a Nohora y note que ella sentía la misma felicidad que sentía yo, ella también era feliz, que esa advertencia, de que ella no se haría cargo del perrito, desapareció en ese instante.

No sabíamos qué hacer con él. Lo primero que se nos ocurrió en ese momento, fue ir a la veterinaria en donde habíamos visto el anuncio de los perritos. Queríamos que lo examinaran, comprarle comida, preguntar que vacunas necesitaba, cuando se las ponían, cuál era la mejor comida, etc. Eran muchas preguntas y necesitábamos algo de orientación.

Ese día, además del perrito, compramos su primera comida, un collar, unos platos para la comida, un bebedero para el agua, un cepillo para peinar su pelo y un juguete.

Nos dieron indicaciones de lo que debíamos hacer y las vacunas que necesitaría y otras cosas que no recuerdo. Nos orientaron para iniciar esta labor.

No recuerdo todas la cosas que me dijeron en ese momento, solo sé, que yo estaba feliz, yo sentía que estaba completo, como si el perrito fuera para mí y no para mi hijo.

3 EL REALISMO MAGICO

Era el 09 de abril de 2015, una fecha que nunca olvidaré, eran las 2 de la tarde de un jueves. Fuimos con Nohora y el perrito, a recoger a Danilo a la salida del colegio. Una hora después, Danilo salió de estudiar, se acercó al vehículo, abrió la puerta de atrás y allí lo vio. Cerro inmediatamente la puerta, tenía miedo de subirse, solo lo miraba a través de la ventana.

Para Danilo fue una total sorpresa, porque para su cumpleaños, faltaban 9 días.

Al perrito, aún no le habíamos puesto nombre, aunque yo tenía varios en mi mente, con Nohora habíamos decidido que era Danilo, quien debía colocárselo.

Pasaron unos 15 minutos, cuando Danilo por fin subió al carro y allí ocurrió lo que debía suceder, era imposible que no pasara, el perrito salto de la silla de adelante, en donde lo tenía Nohora y se pasó para la silla de atrás, donde se había sentado Danilo, él lo tomo entre sus manos con mucho temor, pero solo faltaron un par de segundos, para que esa conexión se diera.

Danilo le había perdido el miedo a los perritos, o al menos a este, y creo que Danilo experimento allí, algo que muchos afortunados como yo, en la vida hemos experimentado, el Amor a primera vista.

Le preguntamos, ¿qué nombre te gustaría para el perrito?, a lo cual Danilo contesto sin dudarlo, Manchas, lo dijo con gran alegría y entusiasmo.

Después de ese momento, partimos hacia nuestro apartamento, ya no éramos una familia de tres, éramos cuatro, ahora tenía un nuevo hijo, un Perrijo, una palabra que ahora tenía un significado para mí, un peludito, que sin saberlo me cambiaría la vida y mi futuro, como lo había hecho Danilo, el día que nació.

Luego de dos horas conduciendo, llegamos a nuestra casa, para Manchas todo era nuevo, caminaba por todo lado y nosotros tres caminábamos detrás, listos para ayudarlo a cualquier cosa que le pudiera pasar, se orinó, creo que unas cuatro veces, lo hacía en donde fuera, no le importaba y a nosotros tampoco, fue experimentar la felicidad de una manera muy diferente a la que en nuestra vida, habíamos experimentado, ese día nos olvidamos de nosotros y nos enfocamos totalmente en Manchas.

Como es normal, llego la noche, ya habían pasado unas cuatro horas, desde que Manchas había llegado, pero como todos, debíamos dormir, en ese momento no queríamos separarnos de Manchas, pero nuestras actividades continuaban.

Danilo pidió que Manchas durmiera con él, a lo cual le respondimos que no, pensando, que él se pasaría toda la noche consintiendo a Manchas y no dormiría, que estaría cansado en la mañana, para ir al Colegio.

A Manchas, le hicimos su primera cuna, con una caja vacía de unos productos que vendíamos en la empresa, le colocamos en el fondo una cobija y un zapato de Danilo, pues ya Manchas corría detrás de él, entonces, para que no lo extrañara, le dejamos algo que oliera a Danilo.

Metimos a Manchas en la caja, lo tapamos y apagamos la luz de esa habitación. No paso más de un minuto, cuando escuchamos su llanto. Nos miramos los tres, nos dio risa y volvimos a pender la luz, destapamos la caja y allí estaba él, con su mirada tierna, pidiéndonos, que no lo dejáramos solo.

Hicimos varios intentos esa noche, ya no metimos un zapato, metimos dos, pero nada funcionaba, cada vez que intentábamos dejarlo allí con la luz apagada, escuchábamos su llanto.

Sabíamos, que esa noche podría ser larga, que Manchas no nos dejaría dormir y que a nuestros vecinos, seguramente tampoco.

Entonces tomamos una decisión, pasar la caja a la habitación de Danilo y que Manchas durmiera con él, a lo cual inicialmente nos habíamos negado, pero que dadas las circunstancias, nos había hecho cambiar de parecer. Esperábamos que Manchas, al sentir a Danilo cerca, se durmiera y nos dejara descansar.

Les mentiría si supiera qué paso después, Nohora y yo dejamos a Manchas en la habitación de Danilo, apagamos la luz y cerramos la puerta y fue silencio total, parecía que podríamos descansar. No sé si Danilo, durmió esa noche, si Manchas permaneció en su caja o si durmió en la cama de Danilo, o simplemente, Manchas necesitaba sentir a Danilo cerca, así como Danilo necesitaba sentir a Manchas para descansar. Así fue nuestra primera noche con Manchas. Cada pequeño instante todavía lo tengo en mi memoria.

4 LA ANGELITA

Al otro día, nos levantamos temprano, nuestra rutina había comenzado, pero con un cambio significativo, lo primero que hicimos, fue ir a ver como estaba Manchas.

Danilo se levantó de su cama de inmediato, ya no tuvimos que pedirle en varias oportunidades que se levantara, la verdad fue, que no le dijimos nada. Danilo, al igual que Nohora y yo, teníamos curiosidad, queríamos estar con Manchas.

Sacamos a Manchas de la caja y empezó a caminar por la habitación, para el todo era nuevo, buscaba cordones de los zapatos, mugre, medias, en fin todo lo que estaba en el piso, era suficiente para él.

Lo llevamos a la cocina y allí lo esperaba su comida, comió sin ningún problema, no se demoró mucho y al terminar, empezó a hacer algo que debíamos corregir, él se orinaba en cualquier lugar.

Recuerdo, que en la veterinaria a donde fuimos el día anterior, nos habían dicho, que Manchas escogería un sitio para orinar repetidamente, que allí, en ese sitio, era donde debíamos colocar un papel periódico o un tapete para la orina.

Manchas escogió para orinar, una esquina que se encontraba, entre la cocina y el comedor. No era el sitio más adecuado, pero, que podíamos hacer, era solo por un tiempo, mientras él completaba todas sus vacunas y poderlo bajar al parque para que hiciera sus necesidades, es decir, faltaban cuatro meses para ese momento.

Ese día nos alistamos para salir, Danilo para el Colegio, Nohora para el centro de estética donde trabajaba y yo me iría con Manchas. Yo había decidido, que no trabajaría ese día. Me dedicaría a cuidar a Manchas.

Bajamos y nos subimos al vehículo y Danilo, inmediatamente, pidió llevar a Manchas, luego, partimos a Bogotá.

Al llegar a la ciudad, Nohora se bajó primero, luego continué más adelante y deje a Danilo en el Colegio y continuamos nuestro recorrido, éramos solo Manchas y yo, nuestro primer momento solos.

Lo llevaba en la silla delantera, en la misma cajita donde había dormido, con todo lo que le habíamos comprado el día anterior, debíamos asegurarnos, que no nos faltara nada, era como llevar un bebe.

Nos dirigimos a que conociera, a una persona muy especial, a mi Mamá, a La Angelita, como yo le decía. Conocería la casa en donde había pasado mi adolescencia y esperaríamos allí, hasta que llegara la hora para recoger nuevamente a Danilo y a Nohora.

Luego de más de una hora de trayecto, porque ese día, por ser viernes, había mucho tráfico, por fin, llegamos a donde mi mamá, era la hora más congestionada de la mañana. Yo conduje con un ojo mirando al frente y el otro mirando a Manchas, sentí que el trayecto fue más largo de lo normal y aunque lo hacía casi todos los días, ese viernes fue diferente.

Ya con el vehículo estacionado en el edificio, donde mi mamá vivía, me baje, tome la caja con Manchas y nos disponíamos a subir las escaleras para llegar al apartamento donde vivía La Angelita.

Ella era como una princesa, viviendo en la torre más alta del castillo más lejano. Debíamos subir como cien escalones, ella estaba en el último apartamento y no había ascensor, esto con el tiempo, hizo que mi mamá no saliera tanto a la calle, pues sufría de artrosis, una enfermedad que le afecto los huesos y le provocaba dolor al realizar esfuerzo como subir y bajar escaleras.

Esa era una de las razones, por la cual la visitaba casi todos los días. Para acompañarla, además, cocinaba delicioso, no importaba que preparara, siempre era muy rico, así que me gustaba almorzar con ella.

Después de 5 minutos subiendo escaleras, por fin llegué a la puerta del 541 de la torre 5. Antes de tocar la puerta, mi mamá abrió.

Ella estaba pendiente, mirando por un ojo mágico que tenía la puerta, ya nos había visto desde que estaba estacionando el vehículo. Vio a Manchas y me dijo: es muy pequeñito, pensé que era más grande.

Ella ya había colocado papel periódico en toda la sala, como si yo llevara un caballo. Manchas, por más que quisiera, no podría orinar todo ese periódico en un mes.

22

Entramos, baje la caja y saque a Manchas, nuevamente, lo primero que hizo fue orinar, era su marca, su forma de darse a conocer, su presentación.

Mi Mamá me susurro al oído, me dijo: "su Papá está en la habitación", lo cual no sabía, si era bueno o era malo, pues mi Papá, nunca nos dejó tener mascotas y lo más grave, no le gustaban los perros y todavía más grave, mi Papá les tenía miedo, no importaba si era grande o pequeño.

Entonces, encerré a Manchas en la sala, por un instante, mientras saludaba a mi Papá. Ya estando con él, no sé cómo hizo Manchas, pero allá llego, entro a la habitación, se metió por debajo de la cama y llego hasta donde mi Papá.

Para mi Papá, era como si hubiese entrado un lobo o algo así, él no gritaba por pena, pero le veía en su cara, el miedo que sentía.

Yo, para evitar problemas y entendiendo que estaba en su casa, tome a Manchas y me regrese con él a la sala. Allí permanecí toda la mañana junto con La Angelita, mientras se llegaba la hora de salir a recoger a Danilo y a Nohora.

Almorzamos con La Angelita, a Manchas, también le di su comida. Lo metí nuevamente en su cajita y nos fuimos a encontrarnos con Danilo y Nohora.

5 TRAGICOMEDIA

Durante el recorrido, ocurrió algo inesperado, Manchas se hizo popo dentro de la caja, era muy aguadita, era diarrea, empezó a moverse pisando la popo, se estaba llenado las patitas y prácticamente todo el cuerpo con sus excrementos, yo en ese momento me desespere, sabia que el por ser tan pequeño no se podía llevar a bañar, ¿ahora que podía hacer?.

En ese trayecto me quedaba cerca un centro comercial, así que pensé que era buena idea entrar allí y comprar unos pañitos húmedos para bebe y así intentar limpiar todo el popo que se unto. Pero había un pequeño detalle, no lo podía dejar dentro del carro mientras hacia la compra y tampoco podía entrarle al supermercado, primero porque estaba untado y segundo, porque yo también estaba untado, solo imaginaba pasar los billetes también untados, en fin, era mala idea. Así que llame a Nohora y le conté mi desgracia, lo que me sucedió, ella solo se reía, yo pensaba, esperemos a que lo vea a ver si le parece tan gracioso.

Después de unos minutos, Nohora apareció con los pañitos de bebe, siguió riendo y tomo a Manchas y le limpio con gran cariño, le quito todo ese popo y volvió a ser el perrito limpio y bello. Ahora lo único que faltaba, era llevar el carro a lavar, pues Manchas no contento con lo que había hecho, también ensucio, tapetes, sillas, puertas y hasta mi pantalón, era todo un desastre, tocaba llevar el carro a que lo lavaran profundamente por dentro. Ese era el final, claro, de la cajita donde manchas había pasado su primera noche. Tocaba botarla, no había forma de salvarla.

Sin mas contratiempos, recogimos a Danilo del colegio y seguimos a nuestra casa, así fue el segundo día con Manchitas, lo único diferente, era que ya no podría dormir en una caja, ahora dormiría en un tapete que teníamos en el baño, que era el que utilizábamos para poner los pies al salir de la ducha, esa iba a ser su camita por unos días. Nos fuimos a dormir.

Al otro día era sábado, por fin, podíamos estar en casa, sin necesidad de salir, Danilo podía estar todo el día con Manchas, jugando con el, nosotros esperando que saliera de su cuarto, jugando algo diferente a sus videojuegos, pero nos fallo el plan, Manchas rápidamente aprendió que podía meterse entre las piernas de Danilo, que se sentaba como si fuera a hacer yoga, esto le permitía a Danilo jugar videojuegos y a Manchas dormir calientito, ahora debíamos buscar la forma de hacer salir a Manchas junto con Danilo de esa habitación.

Pasaron las primeras horas de la mañana, todo estaba muy tranquilo, hasta que escuche un llamado de Danilo. Llamaba a Manchas con voz fuerte y angustiada, Nohora y yo nos acercamos hacia el, cuando vimos a Manchas que estaba enredado en el collar que habíamos comprado para él unos días antes.

Danilo sintió curiosidad de colocarle ese collar y como desconocía la forma de hacerlo, lo había enredado entre el cuello y su boca, lo cual impedía que Manchas respirara normalmente, Manchas de estaba asfixiando.

Yo corrí desesperadamente a ayudar a Manchas, él no se quedaba quieto, lo cual hacia que se enredara mas, recuerdo que en ese momento, grite a Danilo, exigiéndole que no hiciera eso, que iba a matar a Manchas. Vi en Danilo su cara de angustia y sus lagrimas, intente nuevamente soltar a Manchas para que respirara bien.

Logre Soltar a Manchas, lo pude liberar y respiro. Me tranquilice rápidamente y me di cuenta que había obrado mal, no debí haber gritado a Danilo, me acerque a él, lo abrace, le pedí perdón por mi acción y decidí explicarle como se debía colocar ese collar, no sin antes recomendarle que debía estar bajo supervisión de nosotros, que debía entender que era un ser vivo y que cada acción podría determinar cuanto tiempo estaría Manchas con nosotros.

En ese momento sentí dos emociones encontradas, una de felicidad porque Manchas estaba bien y otra de tristeza por haber gritado a Danilo, lo cual, siempre había evitado y no me gustaba, salio una parte de mi que detestaba.

Mi Mama, La Angelita nunca nos grito y mucho menos nos golpeo, ese era un ejemplo que me orientaba en mi labor como Papá, yo creía que gritar o hablar fuerte a mi hijo no era necesario, debía ser firme pero sin gritar. Ese día falle en mi propósito.

6 SE QUE TE ME VAS....

Pasaban los días, Manchas estaba siempre conmigo, a donde yo fuera lo llevaba, a menos, que se quedara con Nohora y Danilo.

Yo lo cargaba en una bolsa reutilizable de mercado. En ella lo bajaba del apartamento al carro y lo subía del carro al apartamento de mi Mamá.

Manchas se emocionaba cuando veía esa bolsa, él ya sabia, que si guardaba sus cosas allí, era una señal de que saldríamos. Para Manchas era motivo de paseo, para nosotros, era salir a cumplir con nuestras labores diarias.

Ya en ese momento, Manchas era como una extensión de mí, como mi sombra, si estaba en la sala, él estaba ahí conmigo, si iba al baño, él se recostaba en la puerta a esperarme.

Un día, tenía que ir a entregar un pedido, que me habían realizado un cliente. En los últimos tres meses, yo había tomado la decisión, de enviar los pedidos por una empresa de mensajería, con el fin, de no dejar solo a Manchas, así fuera solo por una hora.

Ese día, debía dejar a Manchas solo por unas horas, yo vendía insumos médicos, y la clínica, se había quedado sin unos electrodos que necesitaban para unos exámenes urgentes, así que debía ir o ir.

Le pedí el favor a mi Mamá, que me cuidara a Manchas, mientras iba y regresaba, yo trataría de demorarme poco.

Al instante de salir del apartamento de mi Mamá, escuche a Manchas, lloraba, porque no lo llevaba conmigo, se me arrugo el corazón, pero no había alternativa, debía ir.

Me demoré un poco más de una hora en ir y volver. Le había cumplido a mi cliente y podía estar nuevamente con Manchitas.

Cuando llegue a la puerta del apartamento de mi Mamá, escuche a Manchas llorando, mi Mamá abrió la puerta, me puse de rodillas y Manchas se abalanzó hacia mí, refregaba su carita contra la mía, sentí que me hablaba, me decía que nunca más lo volviera a dejar, que me quería mucho. Que le hacía mucha falta.

Mi Mamá me contó luego, que desde que me había ido, él no se retiró de la puerta, que cuando yo estaba entrando al parqueadero, Manchas se desesperó, que la miraba, como pidiéndole, que le abriera la puerta. Él sabía, que yo había llegado, que necesitaba bajar a encontrarse conmigo.

Ese día, fue cuando entendí, que ya no podría vivir sin Manchas, que era mi mejor amigo, que estaríamos juntos hasta la muerte, fuera la mía o la de él. Que no importaba lo que pasara en adelante, él iba a estar siempre ahí para mí.

7 EL PRIMER DIA DE COLEGIO

Paso el tiempo y Manchas ya cumplía 5 meses de edad. A donde yo iba, él me acompañaba, íbamos a donde mi Mamá casi todos días, lo peinaba y su pelo se estaba poniendo más bonito, era más largo, ya estaba mostrando la característica de su raza. No se orinaba en cualquier parte, él hacía en el tapete, que le colocábamos en el apartamento y donde mi mamá, tenía otro, debajo del televisor que había en la Sala.

Ya había recibido casi todas sus vacunas, faltaba poco, para poder pasearlo en la calle, que pudiera tener más libertad, sin el riesgo a que enfermara.

Pasaron los días y Manchas ya tenía todas la vacunas. Para ese momento, tuvimos la oportunidad perfecta para sacarlo a caminar. Era la reunión de padres de familia, en el Colegio donde estudiaba Danilo. Decidimos ir los cuatro, Nohora entro a la reunión para que le informaran el rendimiento académico de Danilo. Yo me quedé con Danilo y Manchas, en las zonas verdes del colegio, para cuidarlos.

Estuvimos caminando con Manchas alrededor de media hora. Como era un cachorro, tenía mucha energía, él quería correr todo el tiempo, olfateaba todo, conocía nuevos amigos, pues las demás familias, también llevaban a sus mascotas, todo estaba muy bien.

Pasado un tiempo, se acercaron los compañeros de curso de Danilo a saludarlo y a conocer más de cerca a Manchas. Una de las compañeras me pregunto: ¿le das permiso a Danilo de ir al otro patio con Manchas, para que lo conozcan los otros compañeros?, yo mire a Danilo y le dije que bueno, pero que por favor cuidara bien a Manchas.

Danilo se fue contento, lleno de orgullo, porque Manchas era un centro de atención, era su mascota, ya le había perdido el miedo a los perros, lo cual le daba cierta independencia.

Paso casi una hora. Danilo no regresaba a donde yo me encontraba, así que decidí ir a buscarlo, para verificar que todo estuviera bien. Fui al patio en donde él, supuestamente se encontraba, solo quería verlo, pero sin que me viera.

Llegue allí, pero no lo veía, di varias vueltas por todo el colegio, pero nada, no encontraba a Danilo, ni a Manchas, ni siquiera veía a la niña, que me había pedido permiso por Danilo.

Empecé a crear hipótesis, ¿Será que Danilo sé salió del colegio?, ¿Será que se fue con otros papas?, ¿Será que se le perdió Manchas?, Pasaron muchos pensamientos, cuando de pronto lo veo venir hacia mí, estaban los dos, Danilo bien, pero Manchas... era irreconocible. Danilo lo había dejado jugar en el sitio del colegio, donde era solo barro, era un lodazal y lo peor era, que había llovido casi toda la noche anterior.

Mire a Danilo y le hice el reclamo, le pregunte: ¿por qué había dejado que Manchas se metiera en ese lodazal? A lo que Danilo me contesto: Manchas quería meterse allá.

Eso me hizo dar cuenta en ese momento, que Manchas era el macho alfa, él determinaba, que se hacía y que no. Le dije a Danilo que eso estaba mal, que tenía que ser más cuidadoso y que ahora debíamos hacer algo, llevar a Manchas a su primer baño.

Le escribí un mensaje a Nohora, diciéndole que debía salir del colegio a buscar un sitio, en donde bañaran a Manchas. Debía llevarlo rápido, antes que ese barro se secara y fuera más difícil quitarlo.

Cinco minutos después, llegue al sitio, ofrecían servicio de Baño y Spa para perros y gatos. Tome a Manchas y le dije a Danilo que entráramos.

Las personas que estaban allí, me miraban y juro que pude leer sus pensamientos, decían: "irresponsable, si no puede cuidar a su perrito, me imagino como cuidara a su hijo". En fin... no sabían quién lo había hecho, no sabían lo que realmente había sucedido.

Pero eso no se podía quedar así, los dueños del sitio me preguntaron ¿en qué podían ayudarme? En ese momento aproveché para contar lo sucedido, asegurándome, que todos me escucharan. Las personas que estaban en el lugar, debían saber que no fue culpa mía, fue de Danilo. Explique cada detalle de lo sucedido y luego si, le dije que por favor me ayudara, con un baño para Manchas.

El muchacho lo miro, se sonrió y me dijo: tranquilo, que lo iba a dejar muy limpio y bonito, que por favor regresara en dos horas.

Dejarlo allí fue difícil, habían pasado muchos días, desde la última vez que me había separado de Manchas, pero acá no había opción, tenía que dejarlo.

8 LA METAMORFOSIS

Regrese al lugar dos horas después, en realidad no me había ido, solo salí al vehículo y espere allí. Entre al sitio y todavía no habían terminado de bañar a Manchas, en total demoraron más de tres horas.

Por fin salieron, traían a Machas en brazos, se veía hermoso, su pelo era sedoso, estaba perfumado, con una pañoleta azul en su cuello. Me acerqué, lo tomé en mis brazos y sorpresa... ¿Qué paso? ¿Le cambiaron la cara?.

A diario lo peinaba, con el fin de poderle hacer una moñita en la cabeza. Le peinaba los pelitos de la cara, mejor dicho, yo quería que manchas se pareciera a esos perritos que veía en los empaques de concentrado, lo cual ya no era posible. Además del baño, el peluquero pensó que era buena idea cortar el pelo de la cara y despejar los ojos.

Manchas parecía un perrito con una cara de sorpresa todo el tiempo, el tenía los ojos grandes, pero así, se veían más grandes, le cortaron el pelo de las orejas y su barba, parecía otro perro.

Sabía que era Manchas, por todo el cariño que me expresaba desde el momento que me vio, pero su carita se veía extraña.

No dije nada en ese momento, pero mi rostro expresaba toda mi rabia, yo solo quería que lo bañaran, no quería que le hicieran cortes.

Pague la cuenta y salí del lugar, mortificado por lo sucedido, pero ya no había nada que hacer, debía esperar a que le creciera nuevamente el pelo.

A partir de ese día, cuando llevaba a Manchas a baño, era muy claro en explicar que era solo baño, nada de cortes, ni peinados extraños. No podía arriesgarme a que me lo cambiaran otra vez.

Con el tiempo, ese corte me mostró que había sido un error. Cuando comenzó nuevamente a crecer el pelo alrededor de los ojos, estos se le introducían en los ojos, lo cual, le producía un excesivo lagrimeo e irritación.

Aunque tenía una imagen de Manchas que yo quería, era más importante, el bienestar de él, así que desde ese momento Manchas debía tener esa Cara de sorpresa para siempre, se volvió parte de su bienestar, tener el pelo recortado alrededor de sus ojos.

Con el tiempo, le empezó a crecer el pelo en todo su cuerpo y su cabeza, su barba se hizo larga, lo único que no debíamos dejar crecer, era alrededor de los ojos.

Para mí, se veía hermoso. Ya no hacía ninguna de sus necesidades en la casa, tenía horarios para salir, era muy juicioso.

Íbamos los dos a todo lado, él y yo, nos habíamos vuelto dependientes el uno del otro. Si yo iba a mi cama, él estaba en la cama conmigo, con el tiempo, él dormía en mi cama, dormíamos juntos de "cucharita".

Cada vez que nos acostábamos, él se acomodaba y yo escuchaba su suspiro, así lo hacía cada día, era parte de su rutina.

Cuando debía trabajar en la casa, yo me sentaba en la silla de mi escritorio y le había colocado una silla al lado de la mía, para que Manchas se hiciera allí y trabajáramos juntos.

Pasaron los días y Manchas no se conformó con eso, él se hacía detrás de mi, entre mi espalda y un pequeño espacio que quedaba en mi silla, él tenía que asegurarse de tener contacto físico conmigo y no lo voy a negar, aunque era incómodo para mí trabajar así, porque me dolía la espalda, me gustaba tenerlo tan cerca.

9 LA LUNA

Durante el primer año de Manchas, recuerdo que un día, Nohora y yo nos levantamos y lo primero que debíamos hacer, era llevar a Manchas al parque, para que hiciera sus necesidades.

Manchas ya sabia esta rutina, él se levantaba con nosotros y miraba el mueble como señalando, en donde guardábamos su collar, pero ese día, Manchas se levantó y se acostó en el pasillo, no se quería levantar, le mostramos sus juguetes con los que jugaba, le ofrecimos comida, pero no lográbamos hacer que se levantara.

Nohora me miro y con sus ojos llenos de lágrimas, me dijo, "Manchas se va a morir", se tomó su cabeza, se fue a la sala, lloraba inconsolable. Manchas, aunque no permanecía tanto tiempo con ella, se había ganado un lugar muy importante en su corazón.

Yo decidí en ese momento, que no había tiempo que perder, debíamos llevar a Manchas a la clínica Veterinaria y la única clínica que estaba abierta a esa hora, quedaba a unos 15 minutos de nuestra casa, así que salimos para allá.

Llegamos a la clínica y cuando nos íbamos a bajar del carro, Manchas se levantó, pensamos que tenía pipí, lo bajamos a la calle y allí, simplemente, soltó un gas. Movía su colita contento, hizo pipí y otra vez era el mismo de siempre, quería caminar, correr, oler todo a su alrededor.

Estuvimos allí por otros 10 minutos, sin entrar a la clínica, observando a Manchas, esperando si veíamos algo raro, pero nada, lo veíamos perfecto.

Nos miramos con Nohora y nos dio risa, ¿todo esto solo por un gas?. Lo único que nos importaba en ese momento, era que Manchas estaba bien, que no había sido nada grave, fue solo un gas y que nos podíamos ir a nuestra casa, felices.

La vida es la suma de muchos momentos separados de instantes, para mí los momentos son periodos de tiempo y los instantes son pequeños eventos que separan los momentos, un evento te cambia la vida para bien o para mal.

Para Manchas, ya había pasado un momento, un momento que nos llevó más de dos años, creo que Manchas tenía tres años y dos meses, cuando conoció a Luna, una perrita Shih Tzu, que vivía en el conjunto donde vivíamos.

Se había vuelto frecuente encontrarnos cuando bajábamos, a dar un paseo a la calle. Manchas la veía y se desesperaba, él quería jugar con ella, olerla, en fin era una locura, pero había un detalle, a Luna no le gustaba Manchas, entonces, ella tenía una reacción muy diferente con él, le gruñía, ladraba y si Manchas se acercaba mucho lo atacaba.

Manchas, en lugar de responder, como lo haría un perrito para defenderse, él se ponía a llorar y le movía su colita, esperando que ella lo aceptara, cosa que nunca sucedió.

Nohora, al ver que Manchas quería compañía perruna, me empezó a insistir, en que buscáramos una perrita de la misma raza, para que le hiciera compañía a Manchas.

Yo inicialmente no me entusiasme con la idea, al fin y al cabo, yo era la compañía de Manchas, ¿para qué más?. Pero Nohora era insistente, ahora era ella la que insistía, igual que lo hice yo, con Manchas.

Paso un mes y Nohora continuaba insistiendo con el tema, de buscarle compañía a Manchas, con un agravante, que se le había unido Danilo a esta petición.

Era a diario, mañana y noche que Nohora me recordaba, que ella había aceptado, cuando yo quería a Manchas y que ahora ¿por qué no?.

Esa semana, nos llamaron de un criadero cercano, para preguntarnos, si era posible llevar a Manchas, pues tenían una perrita en celo y estaban buscando un macho.

Yo les dije que si, inmediatamente, nos fuimos para allá con Manchas, con la ilusión de ver a Manchas en acción y que por fin se le hiciera realidad, su deseo de estar con una perrita, de su misma raza.

Al llegar, nos recibieron junto a Sussy, la perrita que estaba en celo. Ella era hermosa, tenía un pelo color miel y sus ojos eran color caramelo, muy linda y tranquila. Ella se le acercó a Manchas, esperando su aceptación, pero sorpresa, a Manchas no le interesaba.

Manchas, había fijado su atención, en otra perrita que habían llevado y que había sido abandonada. Yo la vi y estaba horrible, tenía unos poquitos pelos, estaba muy flaquita, pero lo compensaba, con una energía desbordante.

Al ver que manchas no se interesó por Sussy, Mónica, la dueña del lugar, decidió traer a la otra perrita, para que jugara con Manchas.

Solo basto que Mónica soltara a la perrita cerca de Manchas y ella comenzó a correr en círculos, parecía el correcaminos, no paraba, era tal su forma de correr, que cuando Manchas intento olerla, salió disparado por el choque. Manchas termino arrollado, dio varias vueltas en el suelo y cuando se puso de pie, estaba asombrado. Una perrita loca, le había golpeado.

Manchas jugo alrededor de una hora con esa perrita, él se cansó rápido y ya no quería correr, pero la perrita seguía con toda la energía inicial, ella no se cansaba.

Termino nuestra visita y nos regresamos a casa, con la alegría que Manchas había jugado un rato, pero con la tristeza que no quiso contribuir con la descendencia suya y Sussy.

10 LA TERRIBLE

Así que llego el momento, un día les dije que si, que buscaran la perrita y me dijeran a donde debíamos ir. Solo pasaron 5 minutos cuando Nohora realizo una llamada a Monica a donde habíamos llevado a Manchas a pasar un rato con las otras perritas y le dijeron que precisamente tenían una perrita que no se la habían querido llevar, que fuéramos a verla.

Era un domingo, era el 25 de agosto del año 2.018, lo se porque de ese instante tengo una foto. Habíamos ido al lugar en donde tenían la perrita, Mónica, era una persona muy amable y se notaba que quería mucho a los perritos que cuidaba allí. Le dije que venia por la perrita que tenia, la que no habían llevado, ella nos dijo, ya les traigo a la "terrible", lo cual nos causo gracia.

Pasaron cinco minutos y Mónica apareció con la perrita en sus manos, era pequeñita, mucho mas pequeña que Manchas a su edad, era hermosa, parecía un muñeco, pero al mirarla bien, parecía que tenia un ojo malo, pero para Nohora y para mi, eso no importaba, por el contrario eso la hacia mas especial.

Mónica me la entrego y fue allí en donde volví a sentir la felicidad que sentí con Manchas, yo la abrace e hice algo que ya se me había vuelto costumbre, le di un beso en su cabecita y tome una gran cantidad de aire olfateándola, me gustaba sentir ese olor. No dude en ponerle un nombre, se llamaría Donna.

La mire y le pregunte a Donna si quería irse con nosotros, como esperando que me respondiera, ella solo se recogió y se recostó aún mas entre mis manos y mi pecho. Creo que esa fue su respuesta. Sin dudarlo, le dije a Mónica que me llevaba a Donna "la terrible", debía pagarle y listo me la podía llevar, sin embargo la dejamos allí ese día, porque necesitabamos alistar el lugar en donde Donna estaria en la casa, era domingo en la tarde y a esa hora ya no conseguíamos comida para ella, ni una cama.

Le pedimos el favor a Monica, que cuidara la Donna por esa noche y que nosotros la recogeriamos al otro dia, a lo cual Monica nos dijo que estaba de acuerdo.

Nos fuimos para nuestra casa con esa felicidad que ya habíamos sentido en el pasado, ahora solo debíamos esperar un día para llevarla a la casa y esperar la reacción de Manchas al verla.

A la Mañana siguiente nos levantamos igual que todos los días, la única diferencia era que debíamos recoger a Donna, salí a llevar a Danilo al colegio. El ahora estudiaba en Chia, un municipio que estaba mucho mas cerca de Zipaquira y por tanto mi recorrido demoraba ahora solo media hora.

Ese día fuimos con Nohora a recoger a Donna sobre el medio día, llevamos a Manchas para ver que reacción tenia ante la presencia de Donna.

Monica nos recibio y nos dijo que ya traia a Donna, que ella la acababa de perfumar para que se fuera muy bonita, la tome en mis manos y nos dirijimos al carro.

Cuando subimos, Manchas solo la miraba y a veces la olfateaba, pero no mostró ninguna emoción. Solo cuando nos acercábamos a acariciar a Donna, era que Manchas mostraba su único sentimiento en ese momento, los famosos celos.

Nos fuimos los cuatro a recoger a Danilo de la salida del colegio, durante el trayecto Manchas no se le acercaba a Donna, el se hizo en la silla de adelante acompañándome, como lo hacia siempre y Nohora se hizo en la silla de atrás junto con Donna

Llegamos al colegio y recogimos a Danilo. El se subio en la silla de atras junto con Nohora y con la unica intensión de poder conocer a Donna.

Luego de media hora, llegamos a nuestra casa, allí ya podíamos dejar a Donna que recorriera la casa. Ella desde el principio mostró que era dominante, a pesar que era muy pequeña, de las primeras cosas que hizo, fue coger los juguetes de Manchas, en especial una pantufla de color rosado, que era su juguete favorito.

Eso para Manchas fue terrible, cada vez que le tocaba su juguete, el lo reclamaba y lo llevaba a otro sitio, con la esperanza que Donna no lo encontrara, pero sus esfuerzos eran en vano.

Luego de una semana de la llegada de Donna, Manchas ya la termino de aceptar y habían empezado a jugar juntos, incluido Danilo, que se acostaba en el piso y Donna le saltaba encima y se dirigía hacia la cara para lamerlo.

11 LOS MALOS VECINOS

En el conjunto residencial en donde vivíamos, existía un reglamento en el que se indicaba como debíamos salir con nuestros perritos, eran reglas básicas, como por ejemplo, sacar a los perritos con su collar, recoger sus excrementos, etc, normas muy básicas de cumplir, las cuales para algunos miembros de nuestra comunidad eran opcionales, ellos determinaban si las cumplían o no.

Dos meses después de la llegada de Donna, habían llegado unos nuevos vecinos, que tenían un perrito, un Pastor Alemán, el cual presentaba conductas muy agresivas, era muy territorial y normalmente si veía otro perro se le lanzaba a morderlo. Aunque el administrador ya les había informado que debían sacar al perro con collar, estas personas no acataban esta norma de convivencia, lo cual ya había generado varios problemas con otros vecinos.

Yo opte por averiguar la hora en que ellos salían con su perro, para así coordinar mi hora de salida con Manchas y no encontrarlos, me aseguraba de pasear con Manchas mas tranquilos. Donna todavía no salia, porque no completaba su plan de vacunas.

Pero un día, los vecinos me cambiaron la hora, yo me encontraba con Manchas paseando y estábamos llegando al conjunto residencial, cuando de repente, vi a este perro en plena carrera hacia Manchas.

Mi instinto protector hizo que en ese momento alzara a Manchas entre mis brazos y gire mi espalda hacia el perro, no me importaba si el perro me hacia daño, solo me importaba que no atacara a Manchas, pues el por lo pequeño era una victima muy fácil.

Manchas no me colaboraba, pues así como yo lo quería proteger, el también me quería proteger, ladraba mucho y quería que lo soltara para así, él enfrentarse al pastor alemán.

El perro me rodeo y buscaba como atacar a Manchas, pero unos vecinos que estaban muy cerca, al ver lo que sucedía, se acercaron a mi con unos palos en sus manos, lo cual asusto al perro y nos dejo tranquilos, al menos no estaba tan cerca.

Vi que venia el dueño del perro, era un muchacho, caminaba lento y con una sonrisa en su cara, llamo al perro y me dijo, "uy menos mal no lo agarro porque lo mata", no mostraba vergüenza ni arrepentimiento, ni siquiera me pidió una disculpa, solo veía su cara como si lo disfrutara, era su forma de mostrar poder.

Yo tampoco le dije nada, estaba con la adrenalina a su máxima potencia, sentía muchas cosas, pero agradecí a Dios, que no le paso nada a Manchas, no sé de donde saque valor, porque le tenía mucho miedo a esos perros, pero en ese momento, no sentí nada, no me importaba nada más, que mi Manchitas.

Cuando por fin, él se entró con su perro y yo me había asegurado, que ya no había ese peligro para Manchas, entre al conjunto, los demás vecinos, se me acercaron para preguntar como estábamos y también, con la finalidad de motivarme, a que colocara el reclamo en la administración y si era posible, ante la alcaldía.

Yo opté, solo por presentar la queja, en la administración del conjunto, lo cual género, que al dueño del pastor alemán, lo multaran, por no cumplir las normas de convivencia.

Con respecto a hacer lo mismo en la alcaldía, no lo hice, no porque no quisiera, sino porque esta persona trabajaba allí, yo sabía, que eso era, como decimos en mi país, "un saludo a la bandera", que no pasaría nada, que solo iba a gastar mi tiempo en un trámite, del cual ya sabia, que sería archivado y que incluso después de radicar, terminaría en un lugar seguro: la caneca de la basura.

Unas semanas después, me enteré, de que el perro había matado a un perrito de una vecina, era de raza Pincher, ya tenía casi 13 años y se le dificultaba caminar y orinar, ella siempre lo sacaba con su collar y nos encontrábamos, Manchas y él, caminaban juntos.

Ese momento me impacto mucho, pensé, que esa situación la hubiese podido vivir también. No me podía imaginar, ese dolor tan inmenso que sentía mi vecina y me pregunte, que sentiría yo, ante esa situación.

Después de este hecho, comencé a llevar a Manchas, a un centro comercial a caminar, era una hacienda y me quedaba de regreso, luego de dejar a Danilo, en el colegio.

Teníamos toda una hacienda para caminar, allí durábamos casi dos horas, íbamos de un lado para otro, hasta que él, me hacía saber que se quería ir para la casa. Manchas se tiraba al suelo, cuando veía el carro estacionado. No era muy difícil ver nuestro carro, pues a esa hora, no había nadie, pagábamos el valor del parqueadero y nos regresábamos.

Esto lo hacía, por lo menos, 4 veces a la semana. Los otros días, salíamos a las cinco de la mañana, a esa hora, no salía nadie en donde vivíamos y podíamos caminar tranquilos, sin distracciones, sentir el aire fresco y frío, disfrutar el silencio y los sonidos, que solo cuando las personas duermen, se pueden escuchar, pájaros y ranas, era muy relajante.

Esa fue nuestra rutina, casi a diario, hasta que Donna, cumplió seis meses de edad y completo todas sus vacunas. A partir de ese momento, se nos unió a nuestras caminatas. Manchas ya sabia, cuál era el centro comercial y cuando nos acercábamos, él se emocionaba mucho, se notaba, que disfrutaba del lugar.

Como todos los días íbamos allí y ya note, que el sitio a esa hora, era prácticamente para nosotros, empecé a pasear con Donna y Manchas, sin correa por el sitio, ellos eran muy juiciosos y caminaban cerca de mi y si los llamaba, se acercaban rápidamente.

12 AMORES SECRETOS

Por esa época, el tráfico cerca de nuestra casa, se había convertido en toda una odisea, si querías salir sin congestión, debías salir antes de las seis de la mañana, o de lo contrario, recorrer una cuadra, te podía tomar alrededor de treinta minutos.

Inicialmente, pensamos que era algo temporal, por una obra que estaban construyendo, pero con el pasar de los días, la situación empeoraba.

Esto nos afectaba nuestra calidad de vida y la tranquilidad. Cuando viajábamos con Donna y Manchas, ellos sufrían de estrés, pues aunque a ellos les gustaba viajar en el carro, no les gustaba permanecer quietos, eran igualitos a nosotros.

A raíz de esta situación tomamos la decisión de trasladarnos de lugar de vivienda.

No muy lejos de donde vivíamos, estaban construyendo un complejo residencial, con muchas ventajas: vías amplias y sin congestión, parques, zonas verdes, piscina, gimnasio, parque para los perritos... en fin, eran muchas cosas, que en el sitio donde vivíamos, no teníamos. Así que con esta opción, empezamos la búsqueda.

La idea, era arrendar nuestro apartamento y tomar en arriendo otro en este complejo residencial, colocando la diferencia de dinero

Al poco tiempo de empezar a buscar, encontramos el apartamento, estaba para estrenar, era muy bonito y la diferencia que debiamos colocar, era muy poca, asi que lo tomamos, sin dudarlo.

En esos días, Donna tuvo su primer celo, nosotros si queríamos que ella y Manchas tuvieran hijos, pero no tan pronto, pues ella solo tenía, un poco más de seis meses de edad, teníamos claro, que debíamos esperar seis meses más, para esto.

Los días de celo de Donna, fueron difíciles para todos, Manchas y Donna, no dejaban dormir, y nuestra tarea, era impedir que Manchas montara a Donna, situación que creíamos, se superó diez días después, cuando Manchas, dejo de perseguirla.

Ya con los perritos nuevamente, en su estado tranquilo, nos trasladamos, a vivir al nuevo apartamento. El día que llegamos, Donna y Manchas estaban muy incómodos, todo era nuevo para ellos y les causo estrés, lloraron al principio, se querían salir, rascaban las puertas, etc.

Otra situación difícil, no habíamos tomado este detalle en cuenta, pero el apartamento tenía balcones, entonces, les abrimos y fue un cambio total, esa era la parte del apartamento, que les daría la calma, además de los paseos en las zonas verdes y parques, que teníamos alrededor.

Ocho meses después de vivir allí, empezamos a notar, que Donna cuando salía a caminar, lo hacía lentamente, era como si se cansara, pero ella hacía sus recorridos sin quejarse, lo hacía más lento, pero hacía trayectos más largos que Manchas. Pensamos que era, porque se estaba engordando, por eso le hacíamos un recorrido más largo, para hacerla bajar de peso.

Así era cada día, hasta que cuatro semanas después, notamos que ya le costaba caminar, pensamos lo peor, que tal que fuera un tumor que estaba creciendo y por eso, se veía tan gordita.

Danilo, ese día, sugirió que debíamos llevarla al veterinario, pues no era normal lo que le pasaba. Yo le dije que sí, que al otro día la llevaba, porque ese día ya tenía unos compromisos, el siguiente día, era sábado y quería tener todo el tiempo disponible de ser necesario, en la veterinaria.

Danilo se enfureció y nos dijo, ojalá no sea nada grave. Él quería que fuéramos de inmediato. Yo veía que Donna, comía, caminaba y estaba activa. Obviamente, menos, pero no se veía enferma, pero claro, me preocupé y mi objetivo era, que pasara el día e irme con ella a que le hicieran exámenes.

Llego la noche y nos fuimos a dormir. Nosotros nos acostábamos a las nueve de la noche y nos despertábamos, antes de las seis de la mañana, así todos los días, incluyendo los domingos y festivos, pero esa noche, fue diferente.

Eran como las diez de la noche, yo me desperté y escuche un sonido, como de un ratón al lado de nuestra cama, sonaba como un chillido, era un sonido raro.

Yo todavía estaba medio dormido, baje la mano hacia donde escuchaba el sonido, cuando sentí, como una saliva muy espesa, inmediatamente salte de la cama, para prender la luz, pues me imagine, que a Donna le pasaba algo, cuando prendí la luz y me acerque, estaba Donna, con una bolsa de piel.

Donna, estaba en labor de parto, me pregunté: ¿pero cómo? ¡Si nosotros estuvimos pendientes, que Manchas no le hiciera nada durante el celo!, sin embargo, allí estaba Donna, con su primer perrito, ella estaba asustada y nosotros también, no sabíamos qué hacer y desafortunadamente, nos demoramos en reaccionar y este primer cachorrito, se nos murió, no pudo romper la bolsa y se nos ahogó.

Pasados cinco minutos más, Donna expulso otro cachorro, pero este, si nació con energía, rompió su bolsa y respiro normal, Donna se le acercó y comenzó a limpiarlo.

Cinco minutos más tarde, otro cachorrito, a este si debimos ayudarle a romper su bolsa, pero también sé salvo, Donna igualmente, lo limpio, pero al terminar, salió corriendo y se escondió en el armario.

Ella no quería salir, estaba asustada. Manchas, solo miraba lo que pasaba, lo que él había hecho, no supimos cuando o a qué hora había dejado embarazada a Donna, pero él, era el responsable, era papá de dos cachorritos.

Esa noche, Donna estuvo de manera intermitente con los perritos, ella salía del armario, los miraba y se devolvía a su escondite, por lo que no tuve otra opción, que improvisar y hacer, lo debía hacer.

Así que junte unas cobijas y me acosté en el suelo, junto con los perritos para darles calor. Era la primera vez, que dormía en el suelo en toda mi vida, pensé que iba a ser muy difícil esa noche, pero no lo fue. Por el contrario, el tiempo se pasó más rápido de lo normal y cuando amaneció, los dos perritos estaban vivos, estaban bien.

Donna, después de ese momento de estrés, se acercó y empezó a cumplir con su deber de madre, su instinto, la llevo a permanecer con ellos, a cuidarlos y alimentarlos. Manchas también permaneció junto a ellos, un poco alejado, pues Donna era muy protectora y no permitía, que Manchas se acercara mucho.

Ese sabado, llamamos a la veterinaria para solicitar una visita a nuestra casa para que revisaran a Donna y a los dos cachorros, para asegurarnos que estaban realmente bien.

Una hora después, estaba el veterinario haciendo la visita en nuestra casa, nos dijo que estaban muy bien, nos recomendó que a Donna, le reforzáramos su alimentación, para que no se descompensara y nos dijo el sexo de los cachorritos, eran niño y niña, la cachorrita, se parecía a Manchas y el cachorrito se parecía a Donna. Sus nombres serían, Olivia y Oliver y así nuestra familia, seguía creciendo, ahora éramos siete miembros y esto, nos hacía muy felices.

Le escribí a mis papás y hermanos, por redes sociales, lo siguiente: "Mama y Papa, son abuelos". Obviamente, no tardaron mucho en contestar y preguntaron: ¿Qué paso? ¿Como así que Danilo, dejo embarazada a una niña?

Estaban muy alarmados, Danilo, solo tenía 12 años. Yo había puesto el mensaje para asustarlos, pero luego, les explique lo sucedido y que eran Donna y Manchas los padres.

13 LOS NEGOCIOS Y OLIVER

Los siguientes días, mi rutina era casi igual, en la mañana salía a llevar a Danilo al colegio, pero solo me acompañaba Manchas, Donna se quedaba en el apartamento, a cuidar a sus hijitos, íbamos y nos regresábamos rápidamente, parecía que Manchas, me acompañaba con esa condición, que no nos fuéramos a demorar.

Él llegaba e inmediatamente se iba a acompañar a Donna y a sus hijos, no se apartaba de ellos, hasta cuando tenía necesidad de bajar al baño. A Donna le colocamos un tapete para que pudiera orinar allí.

Una mañana, llevando a Danilo junto con Manchas al colegio, me llego un correo a mi celular, era de la DIAN, la dirección de impuestos y aduanas.

Danilo me informo que me requerían, para entregar una información y me inquiete, pues uno sabe, que si ellos le escriben, nada bueno es. Ese día, sin saber, comenzaría el mayor cambio de mi vida, para mi esposa, mi hijo, Manchas, Donna, Olivia y Oliver.

Cuando regrese al apartamento, leí muy bien el correo de la DIAN, allí me solicitaban unos documentos sobre una importación que había realizado, fui y busque los papeles, yo verifique, estaba todo correcto, declaraciones de importación, facturas, pagos de impuestos, documentos de transporte, etc., todo estaba correcto, por lo que sentí un gran alivio, pensé, que solo era un procedimiento de rutina, pasaron varios meses, después de haber entregado la respuesta a la solicitud y nunca me llamaron, ni me comunicaron nada, por lo cual asumí, que todo estaba correcto. Di por cerrado este episodio.

Casi dos meses después de haber nacido Oliver y Olivia, me llamo una Tía, ella había sufrido la perdida de su perrito hacía poco, él había estado con ellos, casi por catorce años, por lo cual, su muerte, los había afectado mucho, además ella estaba viviendo sola en su apartamento, hacía poco, mis primos se habían ido de la casa, eso me ponía a pensar, que mi tía necesitaba compañía.

Ella me saludo y me dijo "felicitaciones, supe que tuviste perritos", "te llamo para pedirte el favor, ¿si me puedes vender uno?". Yo había tomado la decisión, de quedármelos, ya había pasado dos meses desde que nacieron y me había encariñado mucho con ellos, pero en ese momento, no le di ninguna respuesta, le dije que lo consultaría con Nohora y Danilo y que luego, le avisaría la decisión.

Ese mismo día, le pregunté a Nohora y a Danilo, que pensaban de esa llamada, Nohora me dijo, pues te dejo la decisión y yo estoy de acuerdo con lo que decidas. Danilo, en cambio, si fue muy claro y me dijo: "si le vendes un perrito, es para que lo cuiden bien y no para que lo dejen solo en la casa, deben estar siempre con él, o mejor, que se quede acá".

Por esos días, Oliver había sufrido mucho, por los ataques de Donna y Olivia, no entendía por qué, pero cada rato, ellas se le botaban a morderlo y yo era, el que lo rescataba.

Manchas no se metía en eso, él incluso, permanecía alejado de las dos perritas. Luego de cuatro días, después de la llamada de mi tía, Donna y Olivia, atacaron a Oliver, aunque no le hicieron daño, si lo asustaron mucho, a tal punto, que Oliver se metió detrás de una silla y no quería salir.

Fue en ese momento, que decidí llamar a mi tía y decirle que le llevaba a Oliver. No quería separarme de él, pero tampoco quería verlo así, asustado.

Al día siguiente, empaque sus cositas y me fui con Oliver a Bogotá a llevarlo donde mi tía. Durante el trayecto, le hable mucho, le dije cuanto lo quería y que lo iba a extrañar. Fue un trayecto muy difícil para mí, tenía muchos sentimientos encontrados.

Ya estando en el apartamento de mi tía, me empecé a tranquilizar, note que mi tía, necesitaba mucho afecto y compañía, Oliver sería ese ser, que le llenaría ese vació.

No paso mucho tiempo, para tener esa conexión, nunca había visto a mi tía, tan emocionada con un perrito, Oliver entendió, que sería el centro de atención, que a partir de ese momento, él era como un hijo para ella, cada cosa que hiciera, fuera buena o mala, le daba un sentido a su día.

Antes de irme le recomendé, que por favor no lo dejara solo, que yo estaría muy pendiente y que esa era una condición de Danilo, que si nos enterábamos, de que lo dejaban solo, vendríamos por él. Mi tía me dijo que tranquilo, que todo el día, estaría acompañado.

Me fui ese día tranquilo y contento, porque sabía que no había mejor lugar para Oliver y que seguiría sabiendo de él, siempre. Que seguía siendo, mi perrijo.

Los días siguientes, sabíamos todo el tiempo de Oliver, mi tía publicaba en sus redes sociales, todos los momentos con él, lo llevaba a donde las amigas, le compraba juguetes, lo llevaba al parque, en fin, Oliver se había convertido, en el centro de su vida, no podía estar mejor.

En nuestra casa, las cosas se tranquilizaron, Donna y Olivia, se habían convertido en una sola, eran inseparables, a donde iba Donna, muy cerca, estaba Olivia, era muy bonito verlas juntas, Manchas siempre había sido muy independiente y eso no iba a cambiar.

Manchas, siempre permanecía a mi lado y a mí me encantaba, yo era consciente, que él absorbía mucho de mi tiempo, pero compartir con él, me mantenía tranquilo, hacía que los problemas diarios, no fueran malos, solo me ayudaba a ver las cosas, con otros ojos, esa era su gran virtud.

14 EL INICIO DE LAS CRISIS

Pasaron algunos meses y en ese tiempo, nuestra situación económica había cambiado un poco, la economía del país, la devaluación de la moneda, la carga de impuestos más alta, todos estos factores, nos había afectado.

Aunque la empresa seguía vendiendo lo mismo en dinero, las utilidades se redujeron y por consiguiente, teníamos menos dinero, para cubrir los gastos de la casa.

Nosotros éramos conscientes de esta situación, por lo que evaluamos nuestros gastos y pensamos en abrir otro negocio, uno que nos permitiera mejorar el flujo de caja y mantener nuestros ingresos iguales.

Con Nohora, pensamos que el negocio tenía que ser de comidas, por lo que decidimos, que fuera una pizzería, yo tenía ciertas habilidades culinarias y sabía, que debía explotarlas.

Nohora por su parte, pensó que podía, en las mañanas, vender arepas, a mí, no me pareció inicialmente una buena idea, pero como decirle que no, Nohora siempre ha sido mi cómplice, no había podido hacer nada en mis últimos veinte años, sin su apoyo, ella era incondicional conmigo. Mirarla y escuchar su idea, me lleno de ternura y sabía, que era el momento de demostrarle, que así como ella me apoyaba, sin importar mis locuras, yo también la podía apoyar en sus proyectos, así que pusimos en marcha, la Pizzería y arepas Cinque Terre, así llamamos al negocio.

Iniciamos en octubre del año 2019, no recuerdo el día, pero si recuerdo, que yo no estuve para la apertura, debía ir a Bogotá, a entregar unos pedidos, por lo que Nohora, abrió ese día el negocio sola.

Yo, llegue al medio día de Bogotá y vi a Nohora, con su uniforme, a la entrada del negocio, hablándole a las personas que pasaban por la calle, invitando a las personas que pasaban, para que nos visitaran, estaba muy dispuesta a vender sus arepas y me recibió con una pregunta, ¿Sabes cuantas arepas llevo vendidas? Yo sabía, que eran más de las que ella esperaba, lo sabía por su rostro emocionado y me dijo:¡Pues todas! Ella estaba muy feliz y por supuesto, yo estaba muy feliz por ella, su idea era un éxito.

Habíamos pedido a una fábrica, 100 arepas para comenzar, pero no esperábamos, que en tan solo medio día, se vendieran todas.

En ese momento recordé algo, que siempre había sabido, que ella era especial, que no importaba si yo era rico o pobre, que sin importar nuestra situación, ella estaría conmigo, qué juntos podíamos superar, cualquier prueba en nuestras vidas.

Entro la tarde y ahora era mi turno, como habíamos acordado con Nohora, en las tardes, se vendería pizza, ese primer día, creo que solo vendí una pizza, para mí era normal, no nos conocían, era el primer día, etc., yo estaba convencido de que con el pasar de los días, las ventas mejorarían, no fue tan exitoso, como la venta de arepas, pero en mi mente siempre estuvo la certeza, que los negocios no se hacen de la noche a la mañana, que se necesita tiempo y paciencia, para tener éxito, así que ese día, me fui tranquilo para la casa.

Al día siguiente, comenzábamos nuevamente, abrimos el negocio a las siete de la mañana. Ese día, acompañaría a Nohora en la mañana. A los pocos minutos de abrir, empezaron a llegar los clientes, yo escuchaba a las personas diciendo antes de entrar, "este es el negocio de las arepas que te comenté, ayer vine y son muy ricas". A mí me encanto que ya identificaran el local y que esa publicidad, voz a voz, nos podría traer más clientes.

El permanecer casi todo el día fuera de la casa, nos empezó a afectar el comportamiento de Manchas, Donna y Olivia.

Ellos no estaban acostumbrados a estar solos. Esa semana dañaron los muebles de la sala y el comedor, mordiendo la madera, era como si se transformaran en castores cada vez que salíamos, al llegar eran mordiscos en las patas de las sillas, la escena era terrible.

Al llegar y abrír la puerta de la casa, Donna y Olivia se escondían, ellas, en realidad, eran las culpables de los daños. Manchas, en cambio, saludaba como siempre, moviendo su colita, brincaba, se tiraba boca arriba, en fin, no sabía como mostrar su alegría y después de un rato, se quedaba quieto y con su mirada, nos señalaba los daños que habían hecho.

Nosotros, al preguntarles, quien había sido el causante de esto, Donna y Olivia se escondían detrás de las sillas, pero Manchas seguía firme, nos miraba con su carita tranquila y sabíamos, en ese momento, que él no había sido.

Con el paso de las semanas, las cosas no mejoraron con Donna y Olivia, por el contrario, ya no solo mordían la madera de las sillas, ahora también, habían decidido dañar los guarda-escobas, los muebles de la cocina, los marcos de las puertas y por si quedaban dudas de lo dañinas que podían ser, pues también, desenterraban las plantas. No sabía, si enojarme o reírme, era terrible cada vez, que llegábamos a nuestra casa.

Los días siguientes, durante dos semanas, fueron igual, llegábamos a casa y seguían los daños, cada vez más graves, ahora empezaron, a comerse los bordes de las paredes, los filos de las paredes, veíamos a Donna y Olivia, con polvo del yeso en su cara y en cada rincón de las paredes. Manchas, se les había unido, él no comía paredes, pero sí, buscaba nuestras pijamas y las tiraba al piso. Sabía que mis perritos, estaban estresados porque ya no estábamos todo el día con ellos, permanecían muchas horas solos y esto, era nuevo para ellos.

Esta situación, duro dos semanas más. En Colombia, empezaba una serie de manifestaciones cada noche, las cuales terminaban, por lo general, en vandalismo y saqueos a los negocios, por lo cual, decidimos con Nohora, cerrar en las tardes y no exponernos, a que nos robaran.

Este sería el inicio, de una serie de eventos desafortunados, que nos afectarían mucho.

Al no poder trabajar en el negocio la jornada completa, empezamos a tener perdidas nuevamente, pero no nos íbamos a rendir.

Las manifestaciones duraron bastante, una noche se agravó más. Habían organizado bandas, que en las noches ingresaban a las casas y las saqueaban. Las personas se organizaban para defenderse con palos, machetes o lo que tuvieran disponible.

Nosotros dejamos todo en manos de Dios, abríamos el negocio temprano y cerrábamos el medio día, nos devolvíamos a nuestra casa y pasábamos el resto del día, con Danilo y nuestros perritos, viendo los noticieros y yo, pensando que podía hacer para obtener ingresos.

Para Manchas, Donna y Olivia, era la situación perfecta, volvían a estar acompañados, al menos medio día más.

15 LA PANDEMIA

Aunque la empresa operaba, cada vez, era más difícil sostener su funcionamiento, las ventas se reducían y el dólar aumentaba su valor contra nuestra moneda, lo cual hacía, que cada día que pasara, nos generaba menos ganancias. Pero no podía rendirme, esta empresa nos había sostenido, durante quince años y estaba dispuesto a salvarla.

Siempre había escuchado, que en las crisis es donde te mides, vez que tan capaz eres. Esa era mi motivación, demostrarme, que de esta crisis salía adelante y que podía seguir sosteniendo a mi familia, como lo había hecho hasta ahora.

Por esos días, ya empezaban a transmitir una noticia, que afectaría a todo el mundo. Informaban, que en una ciudad de China, surgió una enfermedad desconocida, que no tenía cura en el momento, la llamaron COVID.

En Colombia, veíamos la noticia y aunque sabíamos que en algún momento llegaría, creíamos que no sería pronto. Obviamente, yo esperaba que se demorara mucho, pues este no era el momento de parar, debía continuar y estar mejor preparado.

No paso mucho tiempo, para que sintiéramos la nueva realidad, esta enfermedad, ya empezaba a reportar los primeros casos de contagio en nuestro país, nosotros decidimos trasladar el negocio de las arepas para Bogotá, buscando mejores oportunidades, para hacer crecer este negocio, allí teníamos muchas posibilidades. Pero solo basto un mes, para que tuviéramos que cerrar.

Recuerdo que fue un día de marzo, veía a las personas haciendo filas, para entrar a los supermercados, escuchábamos a las personas que pasaban frente al negocio, diciendo: "ya no hay papel higiénico, no hay leche, ni huevos en los supermercados", "Tenemos que prepararnos".

En noticias informaban, que esa noche hablaría el presidente y que, seguramente, nos enviarían a cuarentena.

Nosotros no habíamos hecho mercado, comprábamos siempre lo necesario, así que decidimos ir a comprar, algunas cosas que nos faltaban, por si la información era cierta y nos enviaban a cuarentena.

Llegamos a un supermercado muy grande, que nos quedaba cerca y pude comprobar, lo que todas las personas comentaban en la calle.

Adentro las personas corrían, estaban muy aceleradas, como si el mundo se fuera a acabar y también porque en el supermercado no quedaba casi nada. Efectivamente, no había papel higiénico, ni leche, ni pan, ni huevos, pero si los veíamos, en los vehículos que estaban en el parqueadero que llevaban papel higiénico como para dos años.

No entendí nunca, porque esa necesidad de tener tanto papel higiénico, en mi lógica, era más importante tener comida. Fue tanta la demanda de papel higiénico, que los supermercados debieron anunciar, que solo se le vendía un paquete por familia, era algo absurdo, pero que se vivió en realidad.

Yendo de Bogotá a Zipaquirá, me detuve en la veterinaria, donde compraba la comida para Manchas, Olivia y Donna, allí compre la comida que necesitaría para ellos, para un mes aproximadamente. Era una tarea cumplida, porque ellos eran muy exigentes con su comida, si les daba de otra marca a la que les daba siempre, les daba vómito y diarrea, así que tener ya su comida, era un problema menos, ahora faltábamos nosotros.

Yo conocía un supermercado que quedaba a las afueras de Zipaquirá, pensé que allí no llegaba nadie, porque era lejos y porque quedaba escondido. Así que partí hacia allá.

Cuando llegue a este supermercado, note que no había personas adentro, me baje del carro con toda la ilusión, que allí podría comprar lo que necesitábamos, para esperar la noticia de la cuarentena, pero no fue así. El supermercado estaba solo, porque ya no había nada, solo quedaban unas bolsas de arveja seca, unas toallas de cocina, maíz para palomitas y dos libras de arroz. Tome unas unidades de cada una de esas cosas y me fui para la casa a esperar.

Esa noche, hablo el Presidente de la nación y nos informaba, lo que todos ya sabíamos o suponíamos, que entrabamos en periodo de aislamiento social, que empezaba el 25 de marzo de 2020 y que duraría 19 días, lo cual para nosotros, era muy importante, porque no teníamos ingresos económicos, si no trabajábamos.

Durante esos primeros días, permanecí muchísimo tiempo con Manchas, él me acompañaba a donde fuera, dentro de mi casa, además me daba un momento de esparcimiento al aire libre, pues nos autorizaban a salir con nuestras mascotas, veinte minutos por la mañana y veinte minutos por la tarde, con el fin, que ellos pudieran hacer sus necesidades, esta actividad, me ayudaba bastante a equilibrar mis emociones y preocupaciones, Manchas, Donna y Olivia sin saberlo, hacían que cada día que pasaba, fuera menos difícil, cuando los veía con esa felicidad y emoción por salir a caminar, me preguntaba, ¿por qué nosotros los humanos, no podemos vivir como ellos?, disfrutaban de las cosas sencillas, de esas cosas que no compras con dinero y se veían felices. Era claro para mí, que mi preocupación principal, en ese momento, era la económica, que cualquier otra cosa, estaba destruyendo el estilo de vida, al cual estaba acostumbrada mi familia, pero me consolaba con la idea, que si a mí me estaba pasando, a todos los demás también, que debía esperar a que pasara el tiempo y que el me mostraría el camino que debía tomar.

Así pasaron los primeros días del aislamiento, la situación empeoraba, aumentaba el número de contagios y de muertes, lo cual obligo al gobierno, a extender el periodo de confinamiento y esto si nos empezó a afectar demasiado, económicamente.

Para Manchas, era la situación ideal, todo el día permanecía con nosotros, veíamos televisión, dormíamos, leíamos y salíamos a caminar. Seguramente, mis perritos disfrutaron mucho esos días.

Aunque nosotros vendíamos insumos médicos y esta actividad, tenía permiso del gobierno para seguir operando, nuestros insumos, estaban dirigidos a los médicos neurólogos y fisiatras, actividades médicas que estaban totalmente controladas y solo se permitían en las unidades de cuidado intensivo UCI, por lo cual, durante el confinamiento, no realizamos ninguna venta, ni generamos ingreso alguno, estábamos acabando con los ahorros que teníamos y la empresa estaba agotando su capital de trabajo, la situación era angustiante.

En total, el aislamiento duro más de cinco meses, estábamos muy afectados, ya no teníamos ahorros y el capital de la empresa, estaba en sus mínimos, era como volver a empezar.

Pero ahí estábamos, como siempre con Nohora, afrontábamos la situación con el mayor optimismo y dispuestos a trabajar duro, con el único objetivo de mejorar, sin lamentarnos de lo que fue y dando graciasa Dios, que pasamos esta situación y todos nuestros familiares, estaban vivos.

Esa época es la que más agradezco, por la compañía de mis perritos, ellos nos alegraron cada día, su compañía nos mantenía en cierta forma alegres y ocupados. Ellos nos hicieron la vida más fácil.

16 PARAR Y SEGUIR?

Fue asi, que volvimos a empezar, yo a trabajar en la empresa y Nohora con el negocio de comidas. Aunque notábamos, que la economía estaba bastante afectada, éramos conscientes, que todos, debíamos poner nuestro granito de arena, era una situación difícil para todos, pero, los rostros de las personas, reflejaban ese deseo de superación, se veían muchos rostros felices, a pesar de las dificultades.

Como parte de mi nueva realidad, debía hacer nuevamente, visita médica, algo que no hacía aproximadamente, ocho años, lo cual me obligo, a separarme durante el día, de Manchas, Donna y Olivia. Yo debía ir a las clínicas y consultorios médicos y a esos sitios, no los podía llevar.

En esta nueva realidad, hice un cambio en mi estrategia de ventas, ya no visitaba a los médicos, para que conocieran a mi empresa y a los productos que podía venderles, como lo hice cuando inicie, sino que me enfoque, en visitarlos y escucharlos, en saber que les afectaba, como se sentían y como podía ayudarlos. Para mí, ellos se habían convertido en amigos, en familia, que durante 11 años me habían dado el sustento y esta era la oportunidad, de hacer algo por ellos.

Deje de visitar instituciones, quería solo enfocarme, en las personas. Médicos que, en algún momento de su vida, decidieron apostarle a tener un negocio propio y que, así como yo, estaban muy golpeados, por la situación económica.

Como ya no permanecía tanto tiempo en la casa, Manchas me hacía saber su molestia, por permanecer tanto tiempo solo, él nunca, había estado tantas horas diarias, sin mi compañía, o la de Nohora o Danilo.

Cuando llegaba en las tardes, encontraba mi pijama, los zapatos, los papeles de mi escritorio, almohadas, en fin, todo lo que fuera mío, tirado en el piso. Era su forma de decirme, que me extrañaba y a la vez, mostrar su enfado, pero esta vez, no podía hacer nada, la situación me obligaba a dejarlo solo, al menos, mientras lograba estabilizarme económicamente.

Donna y Olivia, también hacían lo suyo, pero ellas se dedicaban, exclusivamente, a dañar muebles y paredes y ocasionalmente las plantas, mordían todos los bordes de las sillas, paredes y los muebles de la casa y si les quedaba tiempo, sacaban la tierra de las macetas y se comían las plantas.

Así pasaron, los siguientes dos meses, Yo visitando clientes y mis perritos dañando cosas, ya se había vuelto parte de mi día, sabía, que al llegar en la tarde a la casa, debía recoger el desorden que hacían.

No los podía culpar, ni ponerme enojado, yo los había acostumbrado así, a tener siempre compañía y ahora no podía cambiarlos, en un instante. Además, ellos me recibían con la mayor alegría del mundo, ellos hacían que cada día, al regresar, mi vida se llenara de amor, no importaba si el día había sido malo, ese instante, borraba todo lo malo y me hacían sentir feliz.

Un día, regresando del trabajo, pase a donde Nohora, para ver como iba ese negocio y tomarme un café. Fue allí, cuando recibí un email, que cambiaría la vida de todos.

Era una notificación de la Dirección de impuestos DIAN, en respuesta al requerimiento del cual di respuesta, un año y medio antes y que yo pensaba, no había presentado ningún problema, que todo estaba correcto.

En resumen, tres años antes la empresa, había enfrentado una situación de iliquidez, yo para solucionar esto, decidí utilizar las tarjetas de crédito, de Nohora y la mía, con la idea de utilizar estos recursos, para inyectar capital a la empresa, a manera de préstamo de socios y luego, que la empresa nos reembolsara este dinero. Con este dinero, pagamos una importación. Yo no veía nada de extraño en esto, al fin y al cabo, la empresa era de nosotros dos. Pero una cosa era, lo que yo creía y otra muy diferente, las normas o lo que muchos llamamos "la letra chiquita".

Nos sancionaban, porque esos préstamos se debían hacer a través de una entidad financiera, a nombre de la empresa, por lo cual, sancionaban a la empresa por recibir los recursos y a nosotros dos, por ser los titulares de las tarjetas de crédito.

En fin, eran tres sanciones las que estábamos recibiendo. Sabía que era cuestión de días, en que nos quedaríamos sin dinero, pues, en el comunicado de la sanción, nos informaban, que teníamos 30 días para pagarla, antes que nos cobraran en un proceso, lo cual se resumía, en un embargo de nuestras cuentas y bienes.

Ese día, por primera vez, vi como Nohora en su interior, se derrumbaba por la impotencia, no decía ninguna palabra, pero sus lágrimas, expresaban todo, eran lágrimas que exponían, todas las emociones y angustias que la embargaban, desde hacía tiempo. Yo también sentí lo mismo, pero en ese momento, solo quise irme para la casa, a pensar. La noticia, me había afectado a tal punto, que sentía mucho cansancio, me dolía el cuerpo y solo quería descansar y si era posible, dormir.

Al llegar a la casa, mis perritos me recibieron como siempre, con gran alegría y amor. Yo me dispuse, a sacarlos a dar su paseo, al regresar, necesitaba llamar a mi hermano, para contarle lo que me estaba sucediendo, tenía que desahogarme.

Salimos y por ese instante, olvide mis problemas, solo me enfoque, en caminar y disfrutar del sol, del viento, del aire, del paisaje y de mis perritos. Duramos casi cuarenta minutos dando el paseo y regresamos a la casa. Mis perritos entraron a beber agua y yo a llamar a mi hermano.

Llame a mi hermano, cuando el me contesto, me puse a llorar, no podía hablar, él al otro lado del teléfono, me decía: "tranquilo, cálmese".

Cuando por fin pude controlar mis emociones, le conté lo que me estaba sucediendo, él me escucho, me hablo, pero solo recuerdo cuando me dijo:, tranquilo, cálmese, ya encontraremos alguna solución.

Después de colgar la llamada, me acosté en la cama y mis perritos se acostaron conmigo, Olivia y Manchas a mi lado y Donna, entre mis piernas. Pude dormir alrededor de dos horas.

Nohora y Danilo llegaron después de ese tiempo, pero no dijeron nada, Nohora sirvió la cena como de costumbre, vimos televisión y nos fuimos a dormir.

17 DESESPERACIÓN

La mañana siguiente, me levanté, con todas las preocupaciones del día anterior, era la primera vez, que me sentía acorralado, en mi mente, no encontraba solución, para los problemas que tenía en ese momento de mi vida.

Me acerqué a la cocina, Nohora, se había levantado más temprano y estaba preparando café, le di un beso, me sirvió el café, nos miramos, pero solo pronunciamos palabra, hasta que nos terminamos el café, pero antes, llego Manchas, él siempre estaba presente en cada conversación, era algo gracioso, pues, pedía que lo alzara y nos ponía atención a lo que decíamos, el miraba a Nohora, cuando ella hablaba y si yo era el que hablaba, Manchas me miraba a los ojos, para mí, Manchas entendía cada palabra que decíamos, era muy bueno escuchando.

Cuando termine el café, Nohora me pregunto, ¿Ahora que hacemos?. En ese momento, no sabía qué decirle, por más que pensaba, no tenía un plan. Ella, al notar mi silencio, propuso que trabajáramos como vendedores ambulantes, me sorprendió su propuesta, pero, al escuchar sus razones, me convenció casi de inmediato.

Ser vendedor ambulante en Colombia, consistía, en colocar un negocio en la calle, lo cual, nunca había hecho antes, era enfrentarme a la rudeza de la vida y de la calle, era la forma, como subsistían muchas personas en Colombia, ahora, iba a ser parte, de esa informalidad, esa que abraza cada persona que cree, que puede ganar su sustento diario, de manera honrada.

Nohora me explicaba su idea, la cual consistía, en vender café, aromáticas, empanadas, arepas, en fin, para ella, no había límites, simplemente, se trataba de ofrecer a las personas, que salían muy temprano a trabajar, la opción de conseguir, bebidas calientes y comidas ligeras.

Dentro de su propuesta, estaba, que debíamos salir muy temprano, alrededor de las 3 de la mañana, cuando salen los conductores de taxis y de camiones a trabajar, a esa hora, no se encuentra ningún negocio abierto, podíamos aprovechar esa oportunidad de negocio y suplir esa necesidad, y a la vez, tener un ingreso diario, sin la carga de pagar un arriendo.

Todo iba bien, hasta que yo tuve una idea adicional. Si vamos a ser vendedores ambulantes, lo haremos con más estilo. No sé si era por la desesperación o el miedo, pero le propuse, que buscáramos un Truck de comidas o "food truck".

Era un estilo de negocio, que estaba tomando mucha fuerza en esa época y le daría, más estilo, además que nos protegería del frío y de la lluvia.

Cuando le comente esta idea a Nohora, ella no estuvo de acuerdo, pues se trataba de generar ingresos y no generar gastos adicionales, pero mi miedo era más grande que la razón y decidí seguir adelante con la idea, de comprar el Food truck. Me falto entender, en ese momento, que los peores enemigos en los negocios, son el afán y el miedo.

72

Ese día, visité a mi mamá, pues ella estaba preocupada y quería saber, que había sucedido con la empresa. Ella vivía ahora, en el mismo edificio donde vivíamos nosotros, lo cual, hacía muy fácil visitarla, bastaba con subir dos pisos y allí la encontraba.

Le conté a La Angelita, parte de lo que sucedía, no quería que se angustiara y tampoco quería, que arrugara su carita. Cuando a ella algo la preocupaba, cerraba sus ojos de tal forma, que aparecían cientos de arrugas, era algo gracioso, pero tierno a la vez.

Mi mamá me invito a almorzar y fue durante ese almuerzo, que le conté la idea de Nohora, a lo cual ella me manifestó, que estaba de acuerdo y que le daba gracias a Dios, por la esposa que tenía.

Mi mamá la admiraba mucho y me decía, que Nohora era igual a ella, sus palabras eran, "Norita es una berraca y echada pa´lante".

Durante este almuerzo, también le conté la idea que tenía, de comprar un Food Truck, ella me pregunto: ¿un food qué? ¿Que es eso?, le mostré con mi celular, fotos de lo que estaba hablando. Ella como siempre, apoyo mi idea, me pregunto, que con que recursos lo iba a comprar, a lo cual le conteste, que yo tenía unos pocos recursos ahorrados y que los iba a invertir, en el Food Truck.

Mi papá, que estaba presente en el almuerzo, opino y me dijo: que el no estaba de acuerdo, que yo era un empresario, que trabajaba en neurología y que uno no cambia de profesión de la noche a la mañana. Me aconsejaba, que debía seguir con lo mismo que estaba haciendo, yo intente explicarle, que la situación, no me permitía continuar como venía, pero fue imposible, él no lo entendió.

73

Mi mamá, para terminar esa conversación, me pregunto, que cuanto costaba el "food ese", yo le dije el precio y ahí acabo esa conversación.

Termine de almorzar, nos tomamos un café, me despedí y baje a mi apartamento.

Entré y Nohora me estaba preguntando en ese momento: ¿cómo te fue?, cuando de repente, golpearon la puerta, Nohora abrió y era mi mamá, ella había salido detrás mio.

Entro, saludo a Norita y a mis perritos, pues ellos no permitían, que alguien pasara, sin que los saludaran, luego se acercó a mí y me entrego un sobre, me dijo: ahí está la plata para comprar el "Food ese". Nohora y yo la abrazamos, ese dinero nos llegaba del cielo, podía seguir con la idea, sin gastar el ahorro que tenía para emergencias.

Debí, en ese momento, decirle a mi mamá, a "La Angelita", cuanto la amaba, pero no lo hice, no porque conscientemente, no lo quisiera hacer, sino que, fue el resultado de tanta felicidad que sentí en ese momento, que solo la abrace. De no haberlo dicho en ese momento, me arrepiento y más adelante, la vida, ya no me permitiría hacerlo.

Ese instante con ella, me hizo sentir nuevamente, como un niño, cuando mi mamá corría en mi auxilio, cuando algo me pasaba, ella era incondicional. Unas semanas después, nos enteramos, que mi papá le presto ese dinero a mi mamá, sin estar de acuerdo y que ella le rogó, como un favor para ella.

Ya con el dinero en mis manos, no tenía excusas, fue así, como comenzó la búsqueda, de lo que para mí, era nuestra nueva forma de trabajo.

Luego de dos semanas de búsqueda y acondicionamientos, por fin, estábamos listos para iniciar esta aventura de las ventas ambulantes.

En ese momento, cada día era un afán, debíamos trabajar o llegaría el momento, en que no tendríamos dinero para sostenernos.

Ese primer día, nos levantamos con Nohora a las 2 a.m., preparamos unas empanadas, arepas, café y aromática, a las 3:30 a.m. cargamos el carro y salimos a trabajar.

Aprendí que del afán, solo queda el cansancio, un refrán que decían los abuelos y que, en ese momento, entendí con toda claridad. Resulta, que el food truck que había comprado, no tenía suspensión, pero yo no lo sabía y al momento de sacarlo y engancharlo a nuestro carro, el food truck, comenzó a saltar, era muy inestable. No podía acelerar a más de 10 km. En su interior, saltaban parrillas y utensilios y eso no era todo, 5 minutos después y a causa de toda la vibración, sé salió la pipeta de gas y rodó por la calle.

Fue un gran susto, la adrenalina corría por mi cuerpo, pero gracias a Dios, la vía estaba sola y no ocurrió una tragedia.

Solo imaginaba, que hubiese sucedido, si la vía, en ese momento, estuviera llena de vehículos. Con Nohora, dimos gracias a Dios, nos detuvimos y decidimos regresar y estacionarnos, cerca a nuestra casa. Era evidente, que no podíamos salir muy lejos, o el food truck terminaría en pedazos.

Había un sitio, que pensamos sería bueno para estacionarnos. Justo, al frente del parqueadero donde guardábamos nuestro vehículo, había una fábrica de distribución de gaseosas.

Vimos, que entraban y salían camiones, pensamos, que ese sitio podía ser lo que estábamos necesitando.

Allí duramos casi una hora y vendimos unos cafés y unas empanadas, hasta que nos enteramos, que la calle, tiene dueño. A las 5 a.m., llego otra persona, que también era vendedora ambulante y que, también vendía café y empanadas, que ella llevaba mucho tiempo vendiendo allí y que defendería su espacio, su territorio y sus clientes.

Durante dos semanas, probamos en varios sitios, pero no lográbamos tener un nivel de ventas, que nos sirviera para sostenernos, era tal la competencia en la calle, que no había tanto cliente para todos, era lógico, veníamos de una pandemia, muchas personas se quedaron sin trabajo y debían salir a hacer, lo se llamaba "el rebusque".

18 VOLVER A LAS RAICES

Faltaba algo más de un mes, para que el contrato, del apartamento donde vivíamos, se terminara. Habían dos opciones: renovar el contrato, lo cual no era posible, con el nivel de ingresos que teníamos, o devolverlo y buscar otro inmueble.

Pero, ¿a donde irnos a vivir?. Después de la pandemia, mucha gente empezó a migrar hacia el campo, muchos se trasladaron a casas de descanso y trabajaban desde allí.

Nosotros pensamos, debemos hacer lo mismo, pero no hacia una casa campestre, sino a una finca campesina, las cuales eran muy económicas y nos permitía, poder producir alimentos para nosotros y para otras personas. Esa era una vida que, años atrás, habíamos imaginado con Nohora, para pasar nuestra vejez.

El cambio, era pagar lo mismo, pero por una propiedad que fuera rentable y nos permitiera tener un ingreso fijo.

Llevábamos casi un mes trabajando como vendedores ambulantes, pero eso no despegaba, prácticamente, comprábamos y vendíamos, pero al final del día, no nos quedaba utilidad.

Al ver esta realidad, tomamos la decisión de buscar una finca pequeña, con una casita y criar unas gallinas ponedoras, estas nos permitirían, vender huevos y además los podíamos ofrecer en el truck, al frente de la finca.

Fue así, que nos convertimos en campesinos, más específicamente, en avicultores. Nos trasladamos a una finca, cerca a Zipaquirá, la casa era muy sencilla, sin nada de lujos, pero tenía lo necesario.

Para Manchas, Olivia y Donna, era el lugar soñado, ellos siempre habían vivido en apartamentos, pero acá tenían mucho espacio verde para disfrutar. Los podíamos dejar afuera, por largos periodos de tiempo, estaban disfrutando de la libertad y la paz que ofrece vivir en una zona rural.

Compramos inicialmente 300 gallinas ponedoras, de 16 semanas de edad, estas demoraron 4 semanas más, en iniciar postura, pero solo fue que empezaran y luego fueron constantes, cada gallina era 1 huevo, habían unas que descansaban, pero de las 300 gallinas, sacábamos entre 260 y 270 huevos al día, lo cual era muy bueno.

Por esa época, inicio un paro nacional, las carreteras estaban bloqueadas y empezó a haber, escasez de alimentos, especialmente huevos.

Para nosotros, en cierta forma, era beneficioso, pues nadie más, tenía gallinas en la zona, por lo que los huevos que se producían, ya estaban vendidos, incluso, nos tocó empezar a vender, por turno de llegada y que separaran los huevos de posturas futuras.

Pero no todo, era color de rosa, al estar las carreteras cerradas, no podía llegar el camión con concentrado, para alimentar a las gallinas, sin embargo, cuando hay motivación, no hay obstáculos.

La empresa que nos vendía el concentrado, nos ofreció, que cada día, llevaba hasta cierto punto, en donde estaba el bloqueo de manifestantes, un bulto de concentrado, pero que nosotros lo debíamos pasar caminando y llevarlo hasta la finca.

Yo acepté de inmediato, aunque sabía que cargar ese concentrado hasta la finca, no era fácil. Debíamos cargar al hombro, un bulto con peso de 40 kilos, pero ya contaba con Danilo, él tenía fuerza y entre los dos, lo cargábamos. Esta rutina la hicimos por casi 21 días.

Durante ese periodo de manifestaciones, recibí la llamada de mi mamá, en donde me contaba, que había sido contactada y seleccionada para aplicarle la primera dosis de la vacuna contra el COVID. Ella me pregunto, que si la podía llevar hasta Bogotá?, en ese momento, yo le conteste, que no podía, porque los manifestantes, no me dejaban pasar. Ella me pregunto, que entonces qué hacía?, yo le dije, que por favor tratara de aplazar esa cita, para unos días después, esperando, que las manifestaciones se terminaran y poderla llevar.

Ese mismo día, mi hermano, me dijo, que él la podía llevar, que él estaba libre ese día y que no me preocupara, que él se encargaba de llevarla a Bogotá para la vacuna.

Después de esto, quede tranquilo, pues en ese momento, no estaban vacunando a toda la población y no quería que por mi culpa, La Angelita perdiera su vacuna.

19 UN ADIÓS, SIN DECIR ADIÓS

Al día siguiente, mi hermano llevo a mi mamá al centro de vacunación a donde la habían citado. Allá le aplicaron su primera dosis contra el COVID y todo salió bien, mi hermano la había recogido y la había regresado a la casa sin ningún contratiempo.

Nosotros continuábamos con nuestras actividades diarias, pendientes de las gallinas, cuidándolas mucho, porque eran nuestro único medio de ingreso. Ellas nos habían ajustado una rutina, la cual comenzaba desde las 5 de la mañana y terminaba a las 6 de la tarde y consistía principalmente en el suministro de concentrado y agua, limpieza de las camas y algo que hacía que los huevos fueran diferentes: el pastoreo, las gallinas eran libres.

Además de esto, también debíamos recoger los huevos, limpiarlos y clasificarlos, para venderlos al día siguiente. Era un trabajo muy demandante físicamente, pero a la vez muy satisfactorio. Cuando llegaba la noche, estábamos tan cansados, que no demorábamos mucho para quedar en un sueño profundo.

Además, ya no estábamos pendientes, que día de la semana era, para nosotros todos los días eran iguales, no había diferencia si era lunes o domingo, las gallinas debían ser atendidas a diario, esto hizo, que nuestro día libre o de descanso, no volviera a existir.

Una semana después de llevar a mi mamá a su cita de la vacuna, mi hermano nos escribió por redes sociales. Nos decía, que estaba en la clínica porque tenía COVID, que él estaba bien, pero que por favor, estuviéramos atentos de mi mamá, pues él creía, que él la había contagiado, sin saberlo.

Dos días después, mi mamá comenzó a ponerse mal, tenía fiebre, dificultad para respirar y dolor de cuerpo. Sabiendo lo que mi hermano nos dijo, mi papá y mi hermana decidieron llevarla al hospital. Allá revisaron a mi mamá y efectivamente, sus signos vitales no estaban bien, debían internarla, para poder controlar su estado de salud.

Cada día, estaba pendiente en la mañana, del reporte que nos enviaban de la clínica, los primeros días, los reportes eran alentadores, mi mamá estaba respondiendo a las terapias, los exámenes demostraban que estaba mejorando e incluso nos indicaron que a mi mamá la darían de alta y que podría regresar a la casa. Fue una alegría y un descanso para nosotros.

Llego el día en que saldría mi mamá de la clínica, pero no fue así, ese día el reporte fue muy desalentador, mi mamá se había agravado esa noche y ya no le podían dar de alta.

Mi mamá, en ese momento todavía podía recibir llamadas, así que la llame para escucharla. Esa llamada nunca la olvidaré. Cuando mi mamá me contesto, no me podía hablar, ella solo hacía gemidos y por lo que se escuchaba, hacía mucho esfuerzo, fue un minuto que yo la escuche y no le entendía nada de lo que intentaba decirme, yo le dije: que no le entendía, que la quería mucho y que sabía que ella mejoraría, que mañana la llamaría, que tratara de descansar. Me despedí de ella y colgué.

Yo sabía que estaba muy grave, al colgar la llamada me derrumbe, mis piernas me fallaron, sentí un gran dolor y me puse a llorar. Nohora se me acerco y me pregunto: ¿qué fue lo que paso?, yo le conteste: mi Mamá se va a morir, tenía ese presentimiento.

Esa fue la última llamada que tuve con mi mamá en donde escuche su voz, así fueran gemidos, pero era su voz. Al siguiente día, se había agravado aún más y debían pasarla a sedación a una unidad de cuidados intensivos - UCI. Pero antes de eso, mi mamá le solicito a la enfermera, que nos hiciera una llamada grupal.

Aunque mi mamá no podía hablar, durante esa llamada se comunicó por señas y nos dijo: que todo estaría bien, todo estará bien, yo voy a estar bien. Esas fueron sus últimas palabras.

Mi mamá estuvo en UCI una semana más, hasta que una mañana recibimos ese mensaje de voz, ese que nunca hubiese querido recibir. Mi hermana llorando nos dijo: "Familia, me acaban de llamar de la clínica, mi mamá falleció hace 5 minutos a causa de un paro cardio-respiratorio".

En ese instante tenía en mis brazos a Manchas, salí de la casa con él y nos fuimos a una parte alejada de la finca. Nos sentamos, yo estaba en "shock".

Tenía muchas emociones, pero no podía llorar, mire al cielo y le pedí perdón a mi mamá, por no haber estado para ella, por no haberla llevado a su vacuna.

Abrace a Manchas y me quede con él por 10 minutos. Después de ese tiempo me devolví a la casa y le envié el mensaje a Nohora, pues ese día ella había salido para Bogotá. Yo miraba a Danilo y se veía tranquilo, tal vez porque me veía a mi igual.

Al medio día, llego Nohora. Lo primero que hizo fue abrazarme y llorar, yo seguía igual, estaba triste pero no lloraba. Seguí trabajando con las gallinas y parecía que estaba muy resignado, mis hermanos estaban devastados con la noticia, pero yo estaba como si nada pasara, con una tristeza muy grande, pero no expresaba todas mis emociones.

Solo basto que pasara el tiempo, ese día a las 4 de la tarde, mi celular se apagó de repente, tenía casi toda la carga, pero no prendía, Nohora estaba conmigo y pensamos que se había dañado. Ella empezó a buscar otro celular que teníamos de repuesto, pues ese día no me podía quedar incomunicado, necesitaba estar disponible para saber de mis hermanos y mi papá. Paso casi una hora, Nohora encontró el cargador y el celular de repuesto, cuando de repente, mi celular se encendió y mostró una llamada entrante, decía "mama".

En ese momento salieron todos mis sentimientos, pude llorar, abrace a Nohora y a Danilo. Le escribí a mi hermana para preguntarle si ella me estaba llamando del celular de mi mamá, a lo que ella me contesto que no, que ella tenía apagado el celular de mi mami.

Danilo también descargo todos sus sentimientos, lloro y nos dijo que le quedaron muchos planes sin hacer con la abuela.

Ese momento fue liberador, supe que mi mamá se estaba despidiendo, que su alma estaba presente y aunque no la podía ver, tenía la certeza que en el futuro nos reencontraríamos.

Manchas no se separó de mí en todo el día, sobre todo en el momento en que me vio llorar. El desesperado me pidió que lo alzara, cuando lo hice, él frotaba su carita junto a la mía, él secaba mis lágrimas y me hizo sonreír, él me daba paz, incluso en los momentos más difíciles como estos.

Mi mamá me había advertido, que el día que ella muriera, vendría esa noche y me jalaría de los pies, lo decía en forma jocosa. Esa noche esperando que cumpliera su advertencia, me lave los pies antes de dormir, no tenía excusas para hacerlo, quería sentir sus manos por última vez, así ella lo hiciera con la intención de asustarme, pero esto no sucedió. Creo que Dios le dijo que no había tiempo, que debía hacer el "check-in" para entrar al cielo y que no se preocupara, que con el tiempo nos reuniríamos, que llegaría después. Ahora solo debía ser una buena persona para tener entrada a donde ella fue.

El día que mi mamá falleció, se celebraba en Colombia el Día de la Madre y el día que nos entregaron sus cenizas era el día de su cumpleaños. Ella murió un 14 de mayo y su cumpleaños era el 30 de mayo.

20 DAÑO COLATERAL

Cuando la vida te da señales y crees que todo puede mejorar, aparece el momento que te sorprende, esto es lo que nos pasó después de la muerte de mi mamá.

Nosotros habíamos llegado a esta finca con la ilusión de poder iniciar de nuevo, buscando paz y tranquilidad financiera, pero sobre todo, para iniciar un nuevo negocio. A pesar de que nos estaba yendo bien en ese sentido y parecía que estábamos cumpliendo ese objetivo, mis esperanzas se desvanecieron rápidamente, cuando la dueña de la casa, enfermo gravemente.

A los pocos días de enfermar, la señora falleció, y sin saberlo, este hecho me traería nuevos destinos.

Unos días después, fue Don Jose, el otro dueño de la finca, llego con dos de sus hijos y con un obituario en sus manos, para informar la muerte de la señora. Don José me pidió el permiso, para pegar el obituario en la puerta de la finca y así, informar a los vecinos, a lo cual le conteste que sí, que no había problema.

Don Jose, antes de marcharse, me dijo que necesitaba hablar algo conmigo, por su mirada me di cuenta, de que no era algo bueno para mí.

Cuando Don Jose iba a comenzar a hablar, uno de los hijos tomo la palabra, rápidamente me hizo un recuento de las cosas que ya conocía, pero llego rápido al centro de la conversación. A raíz de la muerte de la señora, necesitaban vender la finca, para iniciar la sucesión a cada uno de los hijos y para poder comprar otra propiedad para que viviera Don Jose, él ya no podía quedarse solo, pues sufría de Alzheimer.

Yo, escuche atentamente, mientras en mi mente, procesaba esta información. Cuando ellos terminaron de hablar, yo les comente, que teníamos un contrato y que este vencía en 15 meses. Yo había calculado este tiempo de acuerdo al tiempo que duraban las gallinas en postura.

Para mí era claro, que cuando inicie este negocio, no podía mover las gallinas a otro sitio, pues había leído, que si las trasladaba, ellas se estresarían y terminaban la postura.

Ellos, simplemente, antes de partir, me dijeron que ya tenían un comprador y que irían esa semana con la persona interesada.

Efectivamente, esa semana, llegaron con el posible comprador, una persona muy prepotente, se veía que tenía mucho dinero, pero era muy grosero y amenazante. Pocos minutos despues de llegar y hacer el recorrido por la finca, Don Jose me dijo: vendí la finca, usted tiene que hablar con el nuevo dueño. Yo lo miré y en ese momento sentí mucha rabia por lo que estaba haciendo, cuando conocí a Don Jose, él me dijo que era muy serio y que tenía palabra, pero en este momento no era nada de eso, me colocaba en una posición difícil. Era irme en un pleito con Don Jose o tratar de arreglar por las buenas con el nuevo dueño.

Opte por tratar de llegar a un acuerdo con el nuevo dueño, buscando que él entendiera mi situación, como decía mi mamá: "para pelear se necesitan dos", quería llevar este momento tranquilamente, sin gritos, ni peleas. Necesitaba que él aceptara continuar con el contrato que tenía con Don Jose, pero la respuesta, me dejo con muchas certezas y preocupaciones. El nuevo dueño, me dijo, que él no había comprado la finca, para que otro la disfrutara, que él la necesitaba cuanto antes, pero, que debido a la situación, me daba dos meses para buscar y devolver la finca. Esta fue toda la conversación, que tuve con él.

Con la certeza de tener que buscar otra finca para trasladarnos y con la preocupación, porque el tiempo era muy corto y el solo hecho de trasladarnos nuevamente, representaba un gasto, que no teníamos planeado, iniciamos la búsqueda.

21 VOLVER A EMPEZAR... NUEVAMENTE

Llevábamos casi mes y medio, buscando una finca para trasladarnos y seguir con nuestro proyecto de gallinas ponedoras, el cual, había iniciado con éxito y que, por cuestiones ajenas a nosotros, debíamos iniciar, nuevamente.

El tiempo, nuestro mayor enemigo, en ese momento. La presión para que regresáramos la finca, aumentaba con los días y no veíamos salida, no encontrábamos fincas en alquiler, al menos del presupuesto que teníamos.

Un día, revisando los anuncios, donde encontrábamos los alquileres de fincas, apareció un anuncio de una finca que nos podía servir, el precio se ajustaba y no era muy lejos de Zipaquirá.

La finca se encontraba en el municipio de Subachoque. Al ver este anuncio, llame inmediatamente, me contesto una muchacha muy amable. Ella me decía que la finca, era un verdadero paraíso, que estaban buscando una familia, que la cuidara. Al escuchar la descripción que me daban, me entusiasme y cuadre una cita para poder verla, al siguiente día.

Fuimos con Danilo, nos encontramos con el padre de la muchacha, con la que había hablado el día anterior. La finca quedaba a 25 minutos del pueblo, lo cual era bien retirado, tenía carretera hasta la finca, pero el último tramo, no permitía el ingreso de vehículos, el frío era terrible, quedaba en un páramo a 3200 metros sobre el nivel del mar, pero el paisaje, era hermoso, la tranquilidad que se sentía en el lugar, era acogedora.

Entramos y vimos la casa, era mucho más grande y bonita, que la casa donde estábamos. Nohora ese día, se había quedado cuidando las gallinas, ella nos dijo, que Danilo y yo decidiéramos si esa finca nos servía. Grave error, ella debió ir antes. Nosotros, no tuvimos en cuenta, aspectos tan básicos como el transporte.

Resulta que, para salir de la finca, dependíamos de un bus que solo hacía dos recorridos, al día. Es decir, si Nohora necesita salir hacia el pueblo, o ir a realizar trámites en Bogotá, solo podía salir, cuando el bus bajara, este era un limitante muy importante, que en ese momento, afectaba principalmente a Nohora y más adelante, a Danilo. Aun así, con lo que vimos y con la presión del tiempo, decidimos tomar en alquiler esta finca.

Superábamos las primeras dificultades, que nos imponía la ubicación de la finca. El día del trasteo fue muy difícil, por no poder ingresar el camion hasta la casa, nos tocó, bajar todas nuestras pertenencias, desde otra finca cercana, la cual tenía mejor acceso para el camión.

Pero eso era lo de menos, la prueba reina se presentó, cuando tuvimos que bajar las gallinas. Una cosa era descargarlas al lado del galpón y otra era bajarlas por un camino de piedra. A la mañana siguiente, amanecieron muertas casi 50 gallinas. No sabíamos, que ellas se desubican cuando las trasladan de su sitio de crianza, lo que nos generó que en la noche se amontonaran en un solo sitio y las que quedaron debajo, murieron por asfixia.

Esto nos desmotivó mucho, hasta el momento, no habíamos tenido gallinas muertas y en una sola noche, tener esta cantidad de bajas, nos puso muy tristes. La finca no nos recibía de la mejor manera.

Sin embargo, seguimos adelante. Los primeros días, la producción de huevos se nos bajó casi a nada, pero eso era algo que ya sabíamos, era a causa del estrés que sufrieron las gallinas. Dos semanas después, nuevamente, teníamos una postura aceptable, claro que, descontando las gallinas que murieron, producíamos alrededor, de 210 huevos diarios.

Pero no todo era malo, acá en Subachoque y especialmente, en la vereda, donde estaba la finca, se vendían muy bien los huevos, éramos los únicos, que teníamos gallinas en la zona, lo cual, nos ayudaba mucho en la comercialización. Prácticamente, vendíamos en la propia finca, venían personas, que tenían tiendas rurales y compraban toda la producción.

Así continuamos durante un año. Pero en este mundo globalizado, cualquier hecho, afecta a todos los habitantes del planeta. En nuestro caso, iniciaba la guerra entre Rusia y Ucrania. Esta guerra, aunque se desarrollaba muy lejos de nosotros, nos impactó directamente. Los concentrados, con los que se alimentaban las gallinas, utilizaban materias primas, que venían de estos países.

El precio de los concentrados, se incremento considerablemente, prácticamente, en cuestión de 4 meses, el precio se duplico. El precio de venta del huevo, no se podía ajustar de acuerdo a este incremento, teníamos que ajustar el precio, de acuerdo al de los productores mayoristas. Salirnos de ese rango de precios, era sentenciar el negocio, a su desaparición.

Pero, ¿qué paso, con Manchas, Donna y Olivia?. Pues mis perritos se acostumbraron rápidamente, a la inclemencia del clima. Nosotros los sacábamos de la casa, para que disfrutaran del aire libre, siempre y cuando el clima lo permitiera. Sin embargo y a pesar de todo, el clima acá, era muy frío, por lo que ellos mismos, no pasaban mucho tiempo afuera, cuando ya estaban pidiendo que los dejáramos entrar a la casa. Les habíamos comprado sacos de lana, para que soportaran mejor el frío y la mayor parte del tiempo, la pasaban durmiendo.

Manchas, ya no era el perrito enérgico de hace 7 años, ya caminaba despacio y Donna, también caminaba calmadamente, pero esta vez, no era por estar embarazada, a ella también le llegaban sus años perrunos, se estaban volviendo viejitos, pero todavía, les quedaban varios años junto a nosotros. Olivia, era muy diferente, ella todavía era una cachorrita, caminaba rápido y jalando la correa, buscaba a los perros para ladrar, a Olivia la sacábamos después de pasear con Manchas y Donna, para no afectar el ritmo de caminata de cada uno.

Pasaron 4 meses y nuestra situación económica, nuevamente estaba en cuidados intensivos. La inflación y los altos costos de los concentrados, redujeron las utilidades, se trabajaba mucho, pero no se veía el dinero.

Con esta situación, Nohora y Danilo, entraron a trabajar de operarios, en un cultivo de flores y así, solventar nuestros gastos en la casa.

22 BUSCANDO ALTERNATIVAS

Con Nohora y Danilo, trabajando y haciendo todo lo posible y en sus manos, para sacar esta familia adelante. Yo comencé a sentirme frustrado y cansado. Por más que me esforzaba, sin importar, cuantas horas al día debía trabajar, los resultados, no se veían. Era hora de tomar decisiones radicales y tratar de enderezar mi economía y de paso mi vida.

Tome la decisión, de vender las gallinas y así, como Nohora y Danilo, debía buscar un trabajo y asegurar un ingreso fijo. Para mí era difícil, porque dure 20 años trabajando de manera independiente, pero, en ese momento, reconocí mis limitaciones, debía parar y volver a comenzar. Todo era por mi familia y mis perritos.

Para mi sorpresa y a pesar de tener mucho conocimiento y experiencia en diferentes áreas, la edad, comenzaba a pesar y ahora era un limitante en mi vida, ya casi tenía 48 años y para el mercado laboral, ya era una persona vieja.

Sin embargo, yo seguía aplicando, a cada oferta laboral, que encontraba cerca al municipio donde vivíamos, no importaba si en la oferta especificaban, que era para menores de 40 años. Yo enviaba mi hoja de vida, esperando que alguien, se tomara el tiempo de leerla y notase, que podía ser útil para esa empresa, que tenía mucho para aportar, a pesar de mi edad.

Un día, estando en la búsqueda de ofertas de trabajo, me llego la información, que en Canadá, estaban buscando personas para trabajar. El anuncio especificaba claramente, que no importaba la edad, que la empresa pagaba todos los gastos de visa y trasladó, ofrecían la vivienda y el candidato, debía tener conocimientos de cría Gallinas y pollos de engorde, adicionalmente, debía trabajar con insectos y no tenerles miedo, debía ser un trabajador del campo. Si quería aplicar, lo podía hacer, en una página del gobierno de Canadá, lo que me daba la seguridad, que no era una estafa. Esta solicitud, estaba creada para mí.

La información sobre ese trabajo, me invadió la mente, ese día, pensé mucho en esa oferta, en las ventajas y desventajas del empleo, pero sobre todo, pensaba en Nohora, Danilo y por supuesto en mis perritos. Me preguntaba, si yo podría vivir lejos de ellos y si ellos podrían vivir sin mí, acá en Colombia.

Lo pensé durante dos días, hasta que una tarde, cuando regresaron de trabajar, les pregunte a Nohora y Danilo, que pensaban, si yo llegaba a postularme a ese trabajo y llegara a ser aceptado.

Nohora, me miro y me pregunto: ¿vas a dejarnos?, yo le contesté que no, que era algo temporal, solo mientras organizábamos mejor nuestra economía, igual, la oferta de empleo, tenía una duración de un año, tiempo en el cual debía regresar a Colombia. Danilo contestó, casi de manera inmediata, que me fuera, que si había esa oportunidad, que la tomara sin dudarlo.

Nohora, después de meditarlo un poco, decidió decirme que estaba bien, que ella entendía, que en realidad, acá no estaba haciendo nada, que si había esa posibilidad, que siguiera adelante.

Al siguiente día, envíe mi postulación al trabajo, adjunte los documentos que solicitaban, videos de mi actividad como avicultor y manejo de insectos, en fin, todas la pruebas que fueran necesarias, para demostrar conocimiento en estas áreas.

Mientras enviaba toda esta información, mi mente se llenaba de pensamientos de mi familia, me imaginaba, cuanto me harían falta, mi familia era todo para mí, sentir su compañía, era mi alegría. Separarme de ellos, iba a ser un momento muy difícil.

Paso casi un mes desde que me postule al empleo, hasta que recibí una respuesta. Me informaban que había sido preseleccionado, que ahora, debía diligenciar un formulario para iniciar el proceso de la visa de trabajo.

Lo primero que note al momento de ver el formulario, era que debía colocar el número del pasaporte vigente. Yo en ese momento no tenía pasaporte, es más, nunca había solicitado pasaporte, porque, nunca tuve la necesidad de salir del país.

Para ese momento, al iniciar el trámite, de la solicitud del pasaporte, en Colombia había comenzado un éxodo de Colombianos hacia el exterior, muchas personas querían migrar a otro país, con la finalidad de mejorar la vida de sus familias. La situación del país empeoraba y esto era la muestra más contundente, de la realidad que vivíamos.

El trámite para solicitar el pasaporte, iniciaba con pedir una cita y solo se podía solicitar por internet, en la página de la cancillería, de lunes a viernes, a partir de las 5 de la tarde, hasta que se agotaran los turnos.

La empresa en Canadá, me había otorgado un plazo máximo de un mes, para enviar la copia del pasaporte vigente, el formulario diligenciado y unos documentos soporté, pero llevaba casi 20 días y no había podido obtener la cita para el trámite del pasaporte. La impaciencia me invadía. Pensaba que no iba a ser posible.

Faltaba el empuje de Nohora, una tarde que Nohora llego temprano de trabajar, me acompaño frente al computador, esperando la hora en que habilitaban la solicitud de las citas. Yo era pesimista, pero ella me dijo, hoy será el día, ponle Fé. Se llegó la hora, eran las 5 de la tarde e ingresé al portal, hice el intento de solicitar la cita y sucedió, por fin tenía la cita para hacer el trámite del pasaporte, tenía el plazo justo, para poder entregar la documentación e iniciar este radical cambio de vida.

Apenas recibimos la confirmación de la cita, Nohora y yo, nos abrazamos, era la mezcla de esperanza, ilusión y a la vez, tristeza, Nohora no lo pudo disimular, después de ese abrazo, salió de la casa y se dedicó a hacer otras actividades, necesitaba estar sola, para pensar, para asimilar, que ya no era solo una pregunta, se estaba construyendo la partida, una separación, que ninguno de los dos quería, pero que era necesaria e inevitable.

La cita la tenía al siguiente día, era en Bogotá, a la 1 de la tarde, por lo que Nohora, pidió permiso en el trabajo para quedarse en la finca, cuidando las gallinas y a la vez a nuestros perritos.

Al día siguiente era martes, salí con bastante tiempo de la casa, para no perder la cita, cuando llegue a Bogotá a la oficina de la cancillería, me dieron el turno para ser atendido, pero estaba a casi 100 personas más por ser atendidas. Debí esperar más de tres horas a ser llamado. La cita era a la 1 de la tarde, pero me atendieron después de las 3, cuando ya habían cerrado las instalaciones.

Durante ese tiempo de espera, me llego una idea, pensé que no debía estar solo en un país lejano, decidí que podía llevar a Manchas, al fin y al cabo, era más fácil ingresar una mascota, no necesitaba visa, aunque más costoso, pero Manchas me ayudaría a no sentirme solo, él era la compañía perfecta para mí.

Llegue a mi casa en la noche, había estado casi todo el día por fuera. Nohora y Danilo estaban atentos a que les contara como me había ido y si tenía fecha para la entrega, a lo cual les respondí que si, me entregarían el pasaporte el viernes de esa semana, en el horario de 8 a 12 del medio día. Para esto, necesitaba que Nohora nuevamente pidiera permiso en el trabajo y así, podía entregar toda la documentación a tiempo.

Aproveche ese momento, para decirles que pensaba llevarme a Manchas conmigo, para que me acompañara y no sentir tanta soledad, ellos respondieron que sí. Nohora y Danilo, entendían que Manchas, desde hacía mucho tiempo, había elegido mi compañía sobre la de ellos y era claro que mi partida, afectaría mucho a Manchas. La idea de llevármelo, los tranquilizaba, por mi estado emocional y a la vez por el de Manchas, era ratificar nuestra unión y gran amor, Manchas y yo, éramos inseparables.

Era viernes, el día que debía reclamar mi pasaporte. Nohora había pedido permiso en el trabajo, pero solo le habían otorgado medio día, ella llegaría a la finca alrededor de las 12 del medio día. Eso cambiaba los planes del día, sobre todo para mis perritos. A Donna y Olivia, no las podía sacar a dar su paseo, pero Manchas, para él, era obligatorio salir a caminar, Manchas no era capaz de hacer sus necesidades dentro de la casa.

23 EL CIELO Y MI DOLOR

Esa madrugada en la finca, habíamos tenido bajas temperaturas, fue tanto el frío, que se veía la escarcha en el prado, pero aun así, me arriesgue a sacar a Manchas. Al inicio, yo lo saqué casi al frente de la casa, para que pudiera orinar, pero él era muy terco, él solo hacía al lado de un árbol que quedaba casi a la salida de la finca, siempre hacía sus necesidades en ese sitio y hoy no era la excepción.

Como tenía el tiempo justo para salir y alcanzar el bus que me bajaría al pueblo, decidí llevarlo a toda velocidad, llegamos hasta el árbol, Manchas hizo sus necesidades y al momento de tratar de devolvernos, él se quería quedar allí, así que lo tome en mis brazos y nos fuimos para la casa. Le sequé sus patitas con una toalla, les di la comida y salí a tomar el bus. Los deje solos en la casa.

Llegue a Bogotá alrededor de las 10 de la mañana. Nohora me llamo para avisarme que la habían dejado salir antes del trabajo, que ya iba para la finca. Al rato, me volvió a llamar, para decirme que ya había llegado, además me pregunto que si había notado algo raro en Manchas antes de salir, yo le conteste que no, a lo cual ella me dijo, Manchas está respirando como agitado y cuando abrió la puerta, encontró mojado, parecía que Manchas había estado llorando. Yo le dije que recogía el pasaporte y me devolvía rápido para la finca, que me estuviera llamando a contarme como seguía Manchas.

Llegue a recoger el pasaporte y en ese momento nos avisaron, que debíamos esperar, que no había sistema, pero que ya estaban trabajando en eso, que no demoraban.

Espere hasta las 3 de la tarde, cuando por fin, regreso el sistema, ya los funcionarios podían verificar en sus computadores, el número de pasaporte y empezaron a entregarlos. Demore otra hora y recibí el documento, eran las 4 de la tarde, tenía que apresurarme, pues Nohora me había llamado varias veces y me decía que Manchas, no estaba bien, que ella lo veía con problemas respiratorios.

Yo salí rápidamente y comencé el regreso a la finca, estando ya en el bus a las afueras de Bogotá, comenzó a llover intensamente, a tal punto, que se desbordó el río Bogotá, lo cual nos retrasó casi tres horas, debimos esperar a que el nivel del río bajara y que el bus pudiera pasar.

Llegue a las 9 de la noche a la finca, Manchas no estaba, Danilo y Nohora al verlo que se estaba agravando, decidieron llevarlo a una clínica veterinaria, 20 minutos después de mi llegada, entro Danilo con Manchas a la casa, envuelto en cobijas y protegiéndolo del frío.

Al ver a Manchas, me di cuenta de que estaba muy mal, respiraba con mucha dificultad y no pudo correr hacia mí para saludarme, algo que nunca hacía y era la prueba de que estaba muy débil. La veterinaria le había enviado una cantidad de medicamentos y en la clínica lo habían inyectado cuatro veces. Debíamos esperar esa noche que Manchas mejorara con esos medicamentos. Yo lo acosté en la cama conmigo, lo abracé intentando darle calor, pero él, a media noche, se bajó de la cama y se acostó en el suelo, no quería que lo tocaran, solo quería quedarse allí.

Para Nohora, Danilo y con seguridad para mí, fue la noche más larga, estuve pendiente todo el tiempo, de oírlo respirar.

Al siguiente día, Manchas seguía delicado de salud, no veía ninguna mejoría, no quería levantarse. El día estaba soleado, cuando de repente, escuche que tocia fuertemente, al punto de ahogarse, fue en ese momento, que tome la decisión de llevarlo a una clínica más especializada. Lo envolví en una cobija y salí corriendo con él. Llame a Nohora y le dije que Manchas se estaba agravando y que había salido para Facatativá, una ciudad cercana, en donde estaba esta clínica especializada.

Llegue a la clínica y lo atendieron rápidamente, lo examinaron y me dijo la Doctora, que no escuchaba bien los pulmones, que debían hacerle exámenes de sangre y radiografía de pulmones y así, poder determinar, que tenía exactamente Manchas.

En ese momento, volvió a surgir mi mayor limitante en ese instante de mi vida, no tenía suficiente dinero, por lo que le pregunte a la Doctora, cuanto podrían costar esos exámenes, ella me dio el costo y como lo suponía, no me alcanzaba para pagarlos.

Así que llame nuevamente a Nohora, ella estaba guardando un dinero para poder hacer mercado, pero en ese momento al igual que yo, no importaba si más adelante no había mercado, lo importante era salvar a Manchas, así que me envió el dinero a mi cuenta y pague los exámenes.

Tomaron a Manchas y lo llevaron para hacerle los exámenes. Una hora después me llamaron por el altavoz. Dijeron: "el papá de Manchas, por favor acercarse al consultorio 4". Me acerqué, ahí estaba la Doctora, pero no Manchas, ella me dijo que siguiera y empezó a explicarme lo que encontraron en los exámenes, Manchas tenía una infección severa y la radiografía mostraba un daño en sus pulmones, me dijo algo que nunca olvidaré, "su pronóstico es reservado".

Ella me sugirió dejar a Manchas interno esa noche en la clínica, para poderlo monitorear y hacerle un tratamiento intensivo, que si algo pasaba con Manchas, ellos me llamarían durante la noche.

Nuevamente, le pregunté cuanto costaba la hospitalización, ella averiguó y me dio el valor, era justamente el dinero que nos quedaba para poder hacer algo de mercado, pero no importaba, si me tocaba vender un riñón, lo había, pero necesitaba que Manchas saliera de esta enfermedad y volviera a la casa conmigo, solo importaba eso.

Me devolví para la finca, dejando a Manchas en la clínica, era la primera vez en 8 años, que Manchas no dormiría en nuestra casa. Esa noche no pude dormir, pase esas horas mirando mi teléfono, estaba pendiente por si acaso llamaban, pero con el más grande deseo que no sonara, recordaba lo que la doctora me había dicho, que solo llamaban si algo pasaba, yo sabía que si me llamaban, era para informarme que Manchas había fallecido.

Esa noche en Facatativá, llovió fuertemente, era un vendaval, muchas casas y bodegas habían perdido sus techos, era un fenómeno natural que no se presentaba en esa ciudad hacía mucho tiempo, existen registros que esto ocurrió verdaderamente, hay que buscar la noticias del 15 de octubre de 2022 en Facatativá y allí está registrada la noticia. Este evento incrementaba aún más mi angustia.

Era el 16 de octubre del año 2022, ese día me aliste temprano para salir hacia la clínica, necesitaba saber como seguía Manchas, Nohora me sirvió el desayuno y salí para allá. Estaba muy ansioso, como era domingo, la vía estaba sola, así que llegue rápido. Entrando al parqueadero vi un perrito, lo mire, y dije, es Manchas, está bien y me alegre mucho, estacione el carro y me acerque hacia la señora que tenía a Manchas en sus brazos.

Lo llamé esperando a que viniera hacia mí, pero la señora me miro extrañada, me acerque más, cuando note, que no era Manchas, se parecía mucho, pero no era él, era tal mi ansiedad, que lo veía en otros perros.

Entre a la clínica y pregunte por Manchas, la persona que me atendió me dijo: "siga siéntese y ya viene la Doctora de turno".

Fueron unos minutos esperando, pero para mí, fueron una eternidad, hasta que por fin salió la Doctora, me dijo que entráramos a la parte de hospitalización, abrió una puerta y allí estaba Manchas.

Él, al verme, se levantó de la camita y camino con dificultad hacia mí, movía su colita y me saludo con gran alegría, yo lo besaba, lo abrazaba y le decía que lo amaba mucho. Fue un momento muy feliz y a la vez triste, por verlo tan debilitado.

La doctora me dijo que saliera un rato con él a caminar, que aprovechara que estaba haciendo sol y que eso le haría bien. Salimos, éramos Manchas y yo, nuevamente estábamos juntos, caminamos un poco y Manchas pudo orinar, creo que no había orinado desde el día anterior cuando lo deje, fue un gran descanso para él. Luego de 10 minutos, Manchas se tiró al piso, estaba fatigado. Yo lo tomé en mis brazos y nos sentamos en una silla, que estaba cerca.

Estuve casi una hora con él allí sentado en esa silla, le hablé durante ese tiempo, no recuerdo de que, pero fue así. También hice videos para enviarle a Nohora y Danilo, le di un montón de besos y abrazos y decidí entrarlo a la clínica para saber si me lo podía llevar y si tenía que pagar algo más. Yo lo veía mucho mejor.

Al entrar, me encontré con la Doctora en la puerta y me dijo: "Manchas está todavía delicado, yo te recomendaría dejarlo otra noche", yo le dije que ya le confirmaba, que debía consultar.

En realidad, lo que debía hacer, era conseguir dinero para pagar otra noche de hospitalización, no tenía nada de dinero.

Llame a Nohora para contarle y de paso para preguntarle que hacíamos, en ese momento, Danilo ofreció unos ahorros que tenía y que alcanzaban para pagar la noche de hospitalización y unos medicamentos que le enviaban para suministrarle a Manchas, una vez saliera de la clínica.

Busque a la Doctora y le dije, que estaba de acuerdo, que Manchas se quedaría otra noche hospitalizado. Ella me dijo que si tenía posibilidad de conseguir un calentador de ambiente, para que al siguiente día, Manchas llegará a la casa y estuviera en una habitación cálida y así, acelerar la recuperación.

Yo recordé en ese momento, que mi hermano tenía un calentador de ambiente tipo profesional, así que lo llame a pedirle el favor, si me lo podía prestar, a lo cual él respondió que sí, pero que debía ir en ese instante, porque iban a salir de la casa y llegaban tarde. Le dije que ya salía para allá, que me esperara.

Busque a la Doctora para despedirme y para que me permitiera despedir de Manchas, ella me dijo que siguiera, Manchas estaba nuevamente en su camita. Lo abracé, lo bese, le dije que lo quería mucho y que mañana pasaba por él, que nos iríamos a casa, lo mire nuevamente y me fui, debía llegar a donde mi hermano antes de las 4 de la tarde.

De la clínica a la casa de mi hermano, demore aproximadamente dos horas, pero llegue a tiempo, eran las 3 de la tarde, por lo que seguí sin mucho afán. Pase a la sala, él me ofreció algo de tomar y me dijo, que le contara qué pasaba con Manchas.

Eran las 3:23 de la tarde, yo estaba contando todos los detalles de lo que le sucedía a Manchas, cuando recibí una llamada en mi celular, era un número desconocido, conteste y me preguntaron: ¿hablo con el papá de Manchas?, hablamos de la clínica. Mi corazón se aceleró a mil. Yo les dije que si y les pregunte: ¿paso algo?.

La doctora de turno me empezó a decir:"mira, Manchas nos presentó un episodio de tos fuerte, esto llevo a que tuviera un paro cardio-respiratorio..." y no dijo nada más. Mi pecho se iba a explotar, cuando por fin pude decir algo, pregunte: ¿Manchas murió?, y recibí la estocada final, lo último que necesitaba en mi triste vida, me dijeron, "si, no pudimos hacer nada".

En ese momento solté el teléfono y di un gran grito de llanto, mi dolor fue indescriptible, era algo que no podía soportar... no sabía que hacer, quise morir en ese instante, no podía asimilar ese dolor.

Pensar que hacía dos horas estaba con él y que ahora había partido, era algo que no podía creer. Sabia que sus ultimas reservas de energia, fueron para estar conmigo.

Lo peor era pensar, que seguramente yo era el culpable de lo que le paso, todo por mi idea de irme fuera del país, por reclamar ese pasaporte, lo expuse a ese frío intenso de ese viernes que había pasado y que esa era la causa, del daño de sus pulmones, eso aumentaba aún más mi dolor.

Mi hermano me dio de tomar algo para tranquilizarme, me dijo que llamaría a Nohora para contarle la noticia y que él me llevaba a mi casa, porque me veía mal. Llamo y contesto Danilo, mi hermano le dio la noticia y parecía que mi hijo, lo había tomado muy tranquilo. En realidad Danilo, cuando escucho la noticia, colgó, salió de su habitación y buscó a su mamá. Llamo a Nohora y le dijo: "ven que te voy a decir algo", Nohora se acercó y Danilo le dijo" Se murió Manchas" y los dos se unieron en un abrazo fuerte, envueltos de lágrimas, sintiendo ese intenso dolor.
Mi hermano me llevo esa tarde a la casa, me dejo en la entrada del pueblo y yo seguí el trayecto que me faltaba.

Estacione mi carro y camine hacia la casa. Abrí la puerta y vi a Nohora con sus ojos rojos de llorar y su tristeza, estaba limpiando los huevos del día, pero apenas me vio, me dijo: "se nos murió el chachito" así le decíamos de cariño, yo solté nuevamente el llanto, nos abrazamos, Danilo también se unió a ese abrazo, era un golpe muy duro para nuestra familia.

Ninguna de las perdidas materiales nos dolió tanto. Para ese momento, ya el banco había tomado nuestro apartamento, no teníamos dinero y él poco que teníamos, también lo habíamos gastado en Manchitas.

No teníamos nada material. Pero el hecho de haberlo perdido para siempre, me mostraba, cuál era mi verdadero tesoro.

El poder compartir como familia, el haber podido dar amor y haber recibido tanto amor de esa manera tan especial, nos había marcado. Nos quedaba Donna y Olivia, ella era una parte de Manchas.

Durante las siguientes dos semanas, la tristeza me embargo, todo eran recuerdos de Manchas, sus juguetes, su cama, su collar, sus fotos.

Mis hermanos, que sabían cuanto amaba a Manchas y la falta que me hacía, fueron los encargados de recogerlo en la clínica y lo llevaron a un centro de cremación de mascotas, allí hicieron todo el proceso y me entregaron las cenizas.

Les agradezco cada día, porque hubiera sido muy difícil para nosotros, ver su cuerpo sin vida y haberlo enterrado en una finca que no era nuestra. Ahora, al menos tengo sus cenizas y es parte de su recuerdo, es una parte de él conmigo.

También me dieron una foto con una frase, que escribí el día que se murió y decía: "Me enseñaste que una mirada, tu compañía y el amor tuyo hacia mí, era incondicional, tu partida va a ser la prueba más difícil de superar. Eras mi paz, mi tierra y uno de mis grandes amores". Esa foto la tengo en mi escritorio junto a sus cenizas.

Han pasado seis meses, desde que partió Manchitas y comencé a escribir esta historia. No ha pasado un solo día, que al despertar, no lo extrañe, creo que así va a ser hasta que llegue mi momento. Espero que algún día, nos podamos encontrar.

No puedo imaginar, como será el día, cuando llegue la partida de Donna y Olivia. Sé que será muy doloroso, el amor duele, eso se dice por ahí, pero trataré de aprovechar al máximo, el tiempo con ellas, con mi familia, sin importar el dinero o las comodidades. Solo viviré para amasar una gran riqueza de recuerdos y momentos vividos junto a ellos. Guardaré todos esos recuerdos en mi corazón, sin importar si son buenos o malos, el solo hecho de ser recuerdos, ya tendrán un valor.

He escuchado, que los animales no tienen espíritu, ni alma. Pero me pregunto ¿cómo puede un ser, que es una expresión del amor, ser vacío?. Nosotros somos producto del amor y tenemos alma y espíritu, lo sé y tengo fe de eso. Entonces, ¿por qué mi Chachito no?

Nos vemos en el cielo... esperame junto a mi Mamá. Te quiero mucho mi Chachis

FIN

Posdata:
Escribi esta historia, para recordar y nunca olvidar, a un ser maravilloso. Manchas 2015-2022

19532125R00059